W0281020

Lacombe Lucien

Louis Malle
Patrick Modiano

Lacombe Lucien

Texte et documents

Présentation et notes
par
Hans-Dieter Schwarzmann

Ernst Klett Sprachen
Stuttgart

1. Auflage 1 6 5 4 | 2013 12 11

Nachfolger von 978-3-12-597260-5
Alle Drucke dieser Auflage sind unverändert und können im Unterricht nebeneinander verwendet werden.
Die letzte Zahl bezeichnet das Jahr des Druckes.

Internetadresse: www.klett.de / www.lektueren.com

Herausgegeben von Studiendirektor Hans-Dieter Schwarzmann, Metzingen

Redaktion: Sylvie Cloeren, Nicolas Sconza
Layoutkonzeption: Elmar Feuerbach
Illustrationen: Eugen Münzing, Renningen-Malmsheim
Gestaltung und Satz: Satz & mehr, Besigheim
Titelbild: akg-images Archiv für Kunst und Geschichte
Bilder: S. 7 © Ullstein Bild GmbH; S. 9 Foto von Louis Malle © akg-images Archiv für Kunst und Geschichte; S. 56 HIPP-Foto/Marianne Winkler © Roger Viollet; S. 70 © Cinetext Bildarchiv; S. 90 und S.97 © ACTIONPRESS GmbH & Co. KG Hartmut Doerk; S. 116 © DIZ München GmbH; S. 119 © Keystone Pressedienst GmbH;
Druck und Bindung: Medienhaus Plump GmbH, Rolandsecker Weg 33, 53619 Rheinbreitbach
Printed in Germany

ISBN 978-3-12-597259-9

9 783125 972599

Table des matières

Annexe

Notes biographiques

Patrick Modiano

Patrick Modiano est né le 30 juillet 1945 à Boulogne-Billancourt, au sud-ouest de Paris. D'origine mi-juive, mi-flamande, il fait ses études secondaires au lycée Henri IV à Paris.

Son premier roman, *La Place de l'Étoile,* date de 1968, suivi de *La Ronde de Nuit,* publié en 1969. Avec *Les Boulevards de Ceinture* (1972), il obtient le « Grand prix du roman de l'Académie française ».

En collaboration avec Louis Malle naît, en 1974, le scénario de *Lacombe Lucien.*

Après *Villa Triste* (1975), le Prix Goncourt lui est décerné pour *Rue des boutiques obscures* (1978). D'autres romans suivront, dont *Une Jeunesse* (1980), *De si braves garçons* (1982), *Quartier perdu* (1985), *Dimanches d'août* (1986) et finalement le récit *Remise de peine* (1988), livre qui connaît, lui aussi, un succès remarquable.

Bien qu'il n'ait pas vécu les années noires de l'Occupation, Patrick Modiano est hanté par cette période qu'il réimagine dans plusieurs de ses romans. Il réinvente l'existence de ses personnages dans le cadre d'une rue, d'un quartier, décrits avec un goût très marqué du détail réel, voire quotidien.

À cette recherche d'une période révolue et non vécue, répond le besoin permanent du narrateur de déceler ou de reconstituer l'identité de ses personnages, et, à travers eux, la sienne. Cette tentative est vouée plus ou moins à l'échec, ce qui crée une ambiance d'angoisse et d'incertitude. Les personnages sont souvent plongés dans le monde clair-obscur de l'ambiguïté où semble régner le hasard.

Et quel est l'apport de Patrick Modiano au scénario de *Lacombe Lucien* ?

À en croire Louis Malle[1], l'influence de celui-ci porterait avant tout sur les relations très complexes entre Lucien et la famille juive. (Grâce à son origine demi-juive, Modiano connaît parfaitement les quartiers juifs de Paris). Enfin, les séquences finales du scénario seraient également dues à ce romancier de l'équivoque, ce qui est d'autant plus crédible que cette fin évoque la même ambiguïté des situations que l'on retrouve dans ses romans.

1 Gilles Jacob : Entretien avec Louis Malle dans *Positif Revue du Cinéma*, No 157 (1974), p. 30.

Louis Malle

Louis Malle est né le 30 octobre 1932, dans une grande famille bourgeoise du Nord. Cela lui permettra toujours de garder un esprit libre vis-à-vis d'un cinéma dit commercial.

Enfant, il est témoin de l'époque turbulente de l'Occupation dont il gardera toujours des souvenirs très précis : « Je me souviens beaucoup mieux de la guerre que des dix années qui ont suivi : la radio de Londres, les bombardements de nuit sur Javel et Billancourt, une arrestation dans notre immeuble, les étoiles jaunes, les soldats allemands partout, qui demandaient leur chemin, et que nous déroutions systématiquement. »[2]

De tels souvenirs d'enfance, on les retrouvera dans *Lacombe Lucien* (1974), mais surtout dans son dernier film *Au revoir, les*

2 *Louis Malle par Louis Malle*. Avec le concours de Jaques Mallecot. Paris : Éditions de l'Athanor, 1979.

enfants (1987), qui reprend un épisode autobiographique de début 1944, dans un collège jésuite de Fontainebleau.

Dès l'âge de 14 ans, Louis Malle commence à faire des petits films avec la caméra 8 mm de son père.

Après ses études secondaires (1951-52), il entre à l'Institut des hautes études cinématographiques (I.D.H.E.C.), et accompagne Jacques-Yves Cousteau pendant trois années comme monteur et assistant à la réalisation. Le film d'exploration sous-marine *Le Monde du Silence* (1955) est primé au Festival de Cannes en 1956.

Il continue ses années d'apprentissage chez Robert Bresson avec qui il collabore pour *Le Condamné mort s'est échappé* (1956).

Louis Malle tourne son premier long métrage avec *Ascenseur pour l'Échafaud* (1957), un thriller psychologique influencé par Hitchcock.

Puis il obtient sa consécration de cinéaste de la *Nouvelle Vague* : dans *Les Amants* (1958, avec Jeanne Moreau) il décrit l'amour fou entre une femme mariée d'origine bourgeoise et un jeune étudiant. *Zazie dans le Métro* (1960, d'après le roman de Raymond Queneau) raconte les aventures amusantes d'une impertinente gamine provinciale à la découverte de Paris. Avec *Vie privée* (1962, avec Brigitte Bardot), Louis Malle illustre le mythe de la star. Dans *Le Feu follet* (1963, d'après le roman de Drieu la Rochelle), il présente le portrait d'un jeune homme qui finit par se suicider. *Le Voleur* (1967, avec J.-P. Belmondo) a pour sujet les grandeurs et les misères d'une carrière de voleur.

Malgré sa prédilection pour le film de fiction, Louis Malle se consacre avec passion au film documentaire. Rentré d'un voyage de trois semaines en Inde, il tourne un grand cycle documentaire sur l'Inde : *Calcutta* (1969), suivi de *Humain trop humain* (1974) et *Place de la République* (même année).

Dans les années 70, il s'attaque à des sujets tabous, celui de l'inceste entre mère et fils dans *Le Souffle au Cœur* (1971) et celui de la Collaboration pendant les années noires de l'occupation allemande dans *Lacombe Lucien* (1974). Ce film soulève de vives polémiques auprès d'une partie du public qui croit y voir une absolution de la France collaborationniste.

À partir de 1977, le metteur en scène s'installe provisoirement aux États-Unis où il produit plusieurs films dont *Pretty Baby* (1978, avec comme sujet la prostitution enfantine), *Atlantic City* (1980), *Alamo Bay* (1985) et *God's Country* (1986).

Après dix ans d'émigration volontaire, il retourne en France avec *Au revoir, les enfants* (1987), salué par la critique comme un chef-d'œuvre du cinéma. Ce film obtient le *Lion d'Or* de Venise.

Louis Malle a vécu, dans une propriété à Lugagnac, dans le Lot, lieu de tournage et patrie de *Lacombe Lucien*.

Il est mort en 1995 à Beverly Hills.

Lacombe Lucien

Un film de Louis Malle

Juin 1944, dans une petite préfecture du sud-ouest de la France…

1.

Un jeune domestique de dix-sept ans lave à grande eau le parquet du dortoir des femmes dans un hospice de vieillards. La plupart des lits sont vides, sauf une dizaine. Quelques visiteurs et deux ou trois sœurs de charité. Chuchotement de conversations. C'est l'après-midi. Il fait très beau. Les stores sont baissés.
Lucien, le jeune garçon, travaille avec acharnement. Au fur et à mesure qu'il avance, il ouvre les tables de nuit, prend les pots de chambre et les vide dans un grand seau. Au fond de la salle, un autre domestique, plus âgé, accomplit le même travail, avec moins d'ardeur, et on entend plusieurs fois son rire sonore.
Lucien s'approche d'un lit occupé par une vieille femme en conversation chuchotée avec un vieillard assis à côté d'elle. Les deux vieux interrompent leur dialogue avec ostentation, regardent Lucien, se regardent entre eux. Le jeune garçon, qui ne paraît pas remarquer leur manège, époussette la table de nuit, soulevant une photo encadrée du maréchal Pétain sur laquelle est posé un chapelet.

5 **un domestique** un employé de maison – 5 **à grande eau** avec beaucoup d'eau – 6 **le parquet** Parkettboden – 6 **un hospice de vieillards** Altenheim – 8 **une sœur de charité** Schwester, Nonne – 8 **un chuchotement** → chuchoter (Geflüster) – 9 **un store** Rollo – 11 **l'acharnement** *m* großer Eifer – 11 **au fur et à mesure que** chaque fois que – 13 **un seau** Eimer – 14 **accomplir** faire – 15 **l'ardeur** *f* l'engagement *m*, l'énergie *f* – 15 **sonore** *ici :* schallend – 18 **avec ostentation** *f* ≠ discrètement – 20 **un manège** *ici :* une manœuvre, un jeu – 20 **épousseter** nettoyer (en chassant la poussière) – 21 **encadré** *ici :* mis dans un cadre – 21 **le maréchal Pétain** Philippe Pétain (1856-1951) : maréchal de France, vainqueur à Verdun en 1916 ; en 1940, chef du gouvernement de Vichy – 22 **un chapelet** Rosenkranz

Une des sœurs, en passant, allume un gros poste de radio, fixé au mur : c'est la causerie quotidienne de Philippe Henriot. Lucien ramasse sa serpillière et la tord pour l'égoutter. À côté de lui, une fenêtre est ouverte. Il se penche à l'extérieur.
En bas, dans le jardin, quelques vieillards déambulent à petits pas, ou prennent le soleil sur des bancs.
Lucien lève les yeux. Sur une branche d'arbre, à quelques mètres de lui, un rouge-gorge s'agite et chante. Lucien sort de sa poche une fronde de paysan. Il vise soigneusement et tire. L'oiseau tombe dans la cour.
Lucien reprend son travail. Personne n'a remarqué son geste, ni dans la cour ni dans le dortoir. Clément, l'autre domestique, s'approche de lui, lui parle à l'oreille, et éclate de rire en lui donnant une bourrade, ce qui provoque les regards indignés des vieillards et des sœurs qui écoutent Philippe Henriot.

2.

Lucien, coiffé d'un béret, vêtu d'une veste de paysan roule à bicyclette le long d'une petite route de campagne. Une valise en carton bouilli est fixée sur son porte-bagages. Il fait très beau. Le soleil est encore bas. Lucien paraît heureux. C'est dimanche.
À proximité de son village, Souleillac, qui est indiqué par un panneau, Lucien dépasse un troupeau de moutons. Un gros chien se jette sur lui et veut lui mordre les mollets. La fille qui

2 **une causerie** → causer (Plauderei, Kommentar) – 2 **Philippe Henriot** (1889-1944) Secrétaire d'État à l'information du gouvernement de Vichy, propagandiste, tué par la Résistance en juin 1944 – 3 **une serpillière** un chiffon pour laver les sols (Putzlappen) – 3 **tordre qc pour l'égoutter** etw auswringen – 5 **déambuler** se promener – 8 **un rouge-gorge** Rotkehlchen – 8 **s'agiter** bouger – 9 **une fronde** Schleuder – 9 **viser** zielen – 14 **une bourrade** Rippenstoß – 15 **indigné** furieux, en colère (empört) – 18 **coiffé de qc** la tête couverte de qc – 18 **un béret** Baskenmütze – 20 **le carton bouilli** Pappkarton – 20 **un porte-bagages** Gepäckträger – 23 **à proximité de** près de (→ proche de) – 24 **dépasser** doubler (überholen) – 24 **un troupeau de moutons** Schafherde – 25 **mordre** beißen – 25 **le mollet** Wade

mène le troupeau rit et jette un « Adieu, Lucien » moqueur, avant de rappeler le chien.
Lucien, toujours sur sa bicyclette, à la sortie du village, tourne et entre dans une cour de ferme, qui se compose de plusieurs bâtiments, grange, pigeonnier, petite maison, en plus de l'habitation principale. Il y a beaucoup d'animaux. Il se dirige directement vers la petite maison, pose son vélo et pousse brusquement la porte.
Assis à la table, en train de prendre le petit déjeuner, un père, une mère et cinq enfants en bas âge. Lucien a l'air très étonné.

LUCIEN : Qu'est-ce que vous foutez chez moi ?

Émile, le père, se lève en souriant. Il est petit, costaud, et il boite. Il tend la main à Lucien.

ÉMILE : C'est toi Lucien, le fils de Thérèse ?

Lucien ne lui serre pas la main. Il s'approche de la table.

LUCIEN *(désignant la vaisselle)* : C'est pas à vous, ça… C'est les assiettes de mon père…
ÉMILE *(toujours souriant)* : Peut-être bien !… Va voir le patron, il t'expliquera…

Lucien le regarde, puis se dirige vers une grande armoire au fond de la pièce. Il tire à lui une chaise, faisant descendre sans ménagement un petit garçon de quatre ans qui était assis dessus. Il monte sur la chaise pour atteindre le haut de l'armoire, derrière laquelle est caché un fusil de chasse

1 **moqueur** → se moquer de qn (spöttisch) – 4 **se composer de** comprendre (umfassen, bestehen aus) – 5 **une grange** Scheune – 5 **un pigeonnier** → le pigeon (Taubenschlag) – 11 **foutre** *pop ici :* faire – 12 **costaud** *fam* fort, solide – 13 **boiter** hinken – 15 **serrer la main à qn** prendre la main de qn pour dire bonjour – 16 **désigner** indiquer, montrer – 22 **le ménagement** la précaution, l'attention *f* (→ ménager) (Rücksicht)

enveloppé de chiffons, et des cartouches. Il redescend, met les cartouches dans sa poche, défait les chiffons pour dégager le fusil, qu'il pointe vers Émile et sa famille.

LUCIEN *(menaçant)* : N'abîmez rien ici, ou alors vous aurez affaire à moi...

Émile sourit toujours. Lucien sort brusquement. Émile, quand il passe devant lui, lui jette, goguenard :

ÉMILE : Si ça t'intéresse, je m'appelle Émile...

3.

Lucien, le fusil à la main, arrive à la maison principale. Un volet s'ouvre et une femme de quarante ans, apparaît à la fenêtre, en chemise de nuit. C'est Thérèse, sa mère. Un homme de soixante ans, portant beau, apparaît une seconde à la fenêtre, derrière Thérèse. C'est Laborit. Il est en chemise.

4.

Lucien est assis à la table, dans la salle de ferme, à la fois cuisine, salle à manger et pièce de séjour. Il y a une grande cheminée. Thérèse, habillée maintenant, pose sur la table devant Lucien une assiette de soupe, du pain et des abattis de volaille. Lucien pose le fusil qu'il était en train de nettoyer avec un chiffon et se met à manger. Il observe sa mère, qui semble mal à l'aise et s'affaire dans la pièce.

1 **une cartouche** Patrone – 2 **défaire** détacher, ouvrir – 3 **pointer vers qn** diriger vers qn – 4 **abîmer** endommager (beschädigen, kaputt machen) – 7 **goguenard** moqueur (spöttisch) – 11 **un volet** Fensterladen – 13 **portant beau** noch gut aussehend *(trotz des Alters)* – 18 **une cheminée** Kamin – 19 **un abattis (de volaille)** les pattes *fpl*, les ailerons *mpl*, la tête, le cou etc. (Geflügelklein) – 22 **être mal à l'aise** être gêné – 22 **s'affairer** se montrer actif, s'occuper

THÉRÈSE *(sans le regarder)* : Pourquoi tu as sorti le fusil de ton père ?

Lucien ne répond pas.

THÉRÈSE : Tu sais que c'est interdit…

Lucien sort quelques billets de sa poche et les lui tend.

LUCIEN : Tiens, ils m'ont augmenté de vingt francs…

Thérèse vient prendre l'argent, le compte rapidement et le met dans la poche de son tablier.

THÉRÈSE *(machinalement)* : C'est bien…

Laborit, finissant de s'habiller, entre dans la pièce et vient s'asseoir en face de Lucien.

LABORIT *(jovial)* : Adieu, Lucien !
LUCIEN : Bonjour, monsieur Laborit…

Thérèse pose devant Laborit une assiette de soupe.

LABORIT *(à Thérèse, sans méchanceté)* : Il pourrait prévenir, ton fils, quand il vient… *(à Lucien)* Tu restes longtemps ?
LUCIEN : J'ai cinq jours de congé…

Tous deux mangent copieusement, avec application. Thérèse bouge sans arrêt dans la pièce.

6 **augmenter qn** *ici :* augmenter le salaire de qn – 8 **un tablier** Schürze – 9 **machinalement** automatiquement, sans réfléchir – 12 **jovial** gai (→ la joie) – 15 **la méchanceté** ≠ la bonté (→ méchant) (Böswilligkeit) – 17 **un congé** les vacances – 18 **copieux** abondant (reichlich) – 18 **l'application** *f* Fleiß, Eifer

Lucien *(à Thérèse, agressif)* : Et les autres, qu'est-ce qu'ils font chez nous ?

D'un geste, en parlant, Lucien a désigné la petite maison.

Thérèse *(sans le regarder)* : Ils aident M. Laborit. Je leur ai laissé la maison…
Lucien *(regardant Laborit)* : Y en a du changement, ici…
Laborit *(agacé)* : Il faut bien faire le travail ! Ton père est prisonnier, Joseph est parti…
Lucien : Ah bon !
Laborit *(haussant les épaules)* : Il est au maquis, ce feignant… *(Il rit.)* J'ai un fils patriote, figure-toi…

5.

Une cinquantaine de villageois endimanchés, surtout des femmes, suivent en procession le curé portant le saint sacrement, entouré d'enfants de chœur avec encensoirs. La procession avance lentement dans un chemin étroit et rocailleux, à proximité du village. Les villageois chantent un cantique à la Vierge Marie.
Lucien, au milieu de la procession, parle avec un garçon de son âge. On n'entend pas ce qu'ils disent. Laborit et sa mère sont devant lui. La mère se retourne. Lucien se met à chanter, avec les autres.

7 **agacé** énervé (gereizt) – 10 **hausser les épaules** *fpl* mit den Achseln zucken – 10 **un feignant** un paresseux, qui n'aime pas travailler (= un fainéant) – 11 **se figurer** s'imaginer – 13 **endimanché** qui porte ses vêtements du dimanche – 14 **le saint sacrement** Altarsakrament, Monstranz – 15 **un encensoir** Weihrauchfaß – 17 **rocailleux** plein de pierres (→ le rocher) – 17 **un cantique** un chant religieux – 18 **la Vierge Marie** Jungfrau Maria – 21 **se mettre à faire qc** commencer à faire qc

6.

La nuit, par clair de lune, Lucien avance dans une combe, fusil à la main, suivi d'un garçon plus jeune que lui, qui ne semble pas très à l'aise, et qui porte une gibecière. Ils débouchent sur une espèce de clairière, au pied d'une falaise, où s'ébattent une dizaine de lapins, qui ne s'enfuient même pas à leur approche.
Lucien commence à tirer : deux coups, un lapin. Il recharge, tire encore, en s'avançant. On sent qu'il prend un plaisir physique intense à ce qu'il fait. Il s'arrête : plus de cartouches. Il se couche dans l'herbe. Il appuie son visage contre le sol et regarde son compagnon ramasser les derniers lapins, revenir vers lui et s'asseoir à son tour, sans dire un mot. Lucien semble épuisé, mais heureux.

7.

Dans la cour de la ferme, Lucien, sa mère et la femme d'Émile, assis sur des billots, plument des poules. Les enfants d'Émile jouent un peu plus loin.

LUCIEN : Tu as trouvé les lapins sur la table !
THÉRÈSE : M. Laborit est pas content. Tout le village t'a entendu…

Lucien ne répond pas.

LA MÈRE : Tu es bien comme ton père !

2 **une combe** une vallée profonde – 4 **une gibecière** un sac de chasseur (pour le gibier) – 5 **déboucher sur qc** *ici :* donner sur qc – 5 **une espèce de** une sorte de – 5 **une clairière** → clair (Lichtung) – 5 **une falaise** Felswand – 6 **s'ébattre** sich tummeln – 8 **recharger (un fusil)** neu laden – 11 **appuyer** (auf-)stützen – 12 **ramasser** prendre ce qui est par terre (aufsammeln) – 14 **épuisé** très fatigué – 16 **une ferme** une exploitation agricole (Bauernhof) – 17 **un billot** un bloc de bois – 17 **plumer une poule** Huhn rupfen

Lucien la regarde, puis il se met à courir après une poule qui lui échappe plusieurs fois. Ce jeu l'amuse, il l'attrape finalement en se jetant à plat ventre sur elle. Il se relève et lui tord le cou dans le même mouvement. Il l'apporte à sa mère.

LUCIEN *(brusquement)* : Tu sais, je veux pas revenir à l'hospice !

Thérèse continue de plumer. Elle jette un regard gêné à la femme d'Émile, qui est absorbée dans son travail.

THÉRÈSE : Tu devrais être content d'avoir cette place…

LUCIEN : Non.

THÉRÈSE *(à mi-voix)* : Tu peux pas rester ici, Lucien… Laborit voudra pas… *(un temps)* Quand ton père sera revenu…

LUCIEN *(la coupant, ironique)* : Quand il reviendra, ça va chauffer.

Thérèse le regarde brièvement, sans répondre.

8.

Lucien arrive sur la place du village, un lapin dans la main. Il se dirige vers l'école, dont les fenêtres sont grandes ouvertes. Il jette un œil à l'intérieur. Une douzaine d'enfants sont assis derrière des pupitres. Leurs âges varient de six à treize ans. Peyssac, l'instituteur, fait une dictée aux aînés, tout en surveillant les petits.

2 **échapper à qn** jdm entwischen – 2 **attraper** saisir, prendre – 3 **à plat ventre** sur le ventre – 4 **tordre le cou** den Hals umdrehen – 7 **absorbé (dans le travail)** occupé (in die Arbeit vertieft) – 10 **à mi-voix** ni haut ni bas (halblaut) – 12 **couper qn** *ici :* interrompre qn – 12 **ça va chauffer** *fam* dann gibt es Krach – 14 **brièvement** ≠ longtemps (→ bref) – 19 **un pupitre** *ici :* une table pour les élèves – 20 **un instituteur** Grundschullehrer – 20 **aîné** plus âgé

PEYSSAC *(dictant)* : L'après-midi était orageux, et le tonnerre roulait de sourdes avalanches dans le lointain…

Peyssac lève la tête et aperçoit Lucien.

PEYSSAC *(à Lucien)* : Tu peux entrer, Lucien…

Lucien entre dans la salle de classe. Peyssac s'est emparé de la copie d'un élève.

PEYSSAC *(redondant)* : Maurice, décidément… Ton cas est désespéré… Tu vois ce que tu as fait ?… Non, je ne te parle pas des traces de doigts… Tu m'as écrit « orageux », H.A.U.R… Enfin… *(Il hausse les épaules.)* Il est vrai que pour garder les moutons, l'orthographe n'est pas nécessaire… *(Il jette la copie d'un geste las.)*

Peyssac se taille un succès facile auprès des autres écoliers, qui rient bruyamment. Il regarde sa montre.

PEYSSAC : C'est l'heure ! Vous pouvez partir…

Les enfants quittent la classe en se bousculant. Peyssac va au tableau noir, efface ce qui y est écrit, met la date du lendemain et écrit une phrase de morale. Pendant ce temps, il parle avec Lucien, qui s'est approché.

PEYSSAC : Qu'est-ce que tu veux ?

Lucien pose le lapin sur le bureau de Peyssac.

1 **orageux** → un orage (gewittrig) – 1 **le tonnerre roulait de sourdes avalanches** der Donner rollte dumpf wie eine Lawine – 2 **le lointain** → loin – 5 **s'emparer de qc** prendre, saisir qc – 7 **redondant** *ici :* weitschweifig und theatralisch – 8 **désespéré** sans espoir (→ l'espoir *m*) – 9 **une trace** une marque, une empreinte (Spur) – 11 **une copie** Klassenarbeit – 12 **las** *ici :* résigné – 13 **se tailler un succès** obtenir un succès – 16 **se bousculer** se pousser

LUCIEN : C'est pour vous…

Peyssac jette un œil au lapin.

PEYSSAC *(ironique)* : Je te remercie. C'est pour ça que tu es venu me voir ?

LUCIEN *(brusquement)* : Je veux entrer au maquis.

PEYSSAC *(écrivant toujours)* : Et en quoi ça me concerne ?

LUCIEN : Ben, c'est vous qui décidez… Joseph me l'a dit…

Peyssac se retourne et le regarde.

PEYSSAC : D'abord, tu es trop jeune… Et on a déjà bien assez de monde…

Lucien reste silencieux.

PEYSSAC *(sévère)* : Et puis c'est sérieux ! C'est pas du braconnage… C'est comme l'armée, tu comprends…

Il s'approche de Lucien et lui pose une main sur l'épaule.

PEYSSAC : Écoute, on verra plus tard…

9.

Lucien et la jeune fille qu'il avait croisée à l'entrée de Souleillac sont assis sur un muret, dans un endroit très sauvage du Causse. Il fait très beau. Autour d'eux, une trentaine de moutons se déplacent lentement. Ils sont silencieux.

5 **le maquis** *ici :* la Résistance – 6 **ça me concerne** cela me regarde (das geht mich an) – 10 **le monde** *ici :* les gens – 12 **le braconnage** la chasse illégale – 17 **croiser qn** rencontrer qn (→ la croix) – 18 **un muret** un petit mur – 19 **le Causse** une région très sèche et pierreuse dans le sud-ouest de la France – 20 **se déplacer** avancer, changer de place

Plus tard, en fin d'après-midi, ils ramènent les moutons par un chemin encadré de hauts murs de pierre, à flanc de colline. Lucien s'arrête et contemple la vue. Il s'avance jusqu'au bord de la falaise et son regard fixe le soleil.
La fille l'attend un instant, puis elle court derrière ses moutons.
Lucien cligne des yeux, sans cesser de fixer le soleil. Il semble fasciné. Au loin, on entend la voix de la fille qui appelle Lucien. Celui-ci ne l'entend pas.

10.

Lucien, Émile et deux voisins sortent de la grange le grand cadavre aux membres raidis de Garçon, le cheval de Laborit. Ils ont du mal à lui faire passer la porte. Laborit, sans mettre la main à la pâte, dirige la manœuvre.
Plaisanteries et rires des hommes, qui se parlent en patois. Lucien, muet, visage fermé, tient la tête de l'animal. Il semble très frappé.
La grande carcasse est finalement posée sur un tombereau qui sert d'habitude à évacuer les ordures. Les hommes reprennent souffle.

LABORIT : C'était un bon cheval, Garçon. J'en retrouverai pas un comme lui… Allez, on va boire un coup…

2 **à flanc de** sur la pente de (an der Hangseite) – 3 **contempler** regarder (avec admiration) – 5 **un instant** le moment – 7 **cligner des yeux** blinzeln im Sonnenlicht – 12 **un membre** *ici :* Körperglied – 12 **raidi** starr – 13 **avoir du mal à faire qc** avoir de la difficulté à faire qc – 13 **mettre la main à la pâte** *fam* aider, participer à un travail – 15 **une plaisanterie** une parole, une histoire pour faire rire – 15 **un patois** un dialecte régional utilisé à la campagne – 17 **frappé** touché, ému – 18 **une carcasse** un cadavre – 18 **un tombereau** un véhicule à deux roues pour transporter des matériaux (Kippkarren) – 19 **évacuer** enlever (wegschaffen) – 19 **une ordure** un déchet (Abfall, Müll) – 19 **reprendre souffle** Atem schöpfen – 22 **boire un coup** *fam* boire un verre

Lucien, avec timidité, flatte l'encolure du cheval, tandis que les hommes, continuant à plaisanter, s'éloignent vers la maison.

11.

Lucien, à nouveau sur sa bicyclette, sa valise sur le porte-bagages, roule le long d'une route déserte. Il s'arrête et constate qu'il a crevé. On l'entend proférer un « merde » sonore et il repart à pied, sa bicyclette à la main.
Il entre dans la ville. Il fait un beau clair de lune. La rue est complètement déserte. Il débouche sur une petite place : deux hommes sont occupés à décharger un camion, très vite, pendant qu'un troisième fait le guet. Ce dernier, stupéfait de voir surgir Lucien, s'approche de lui.

L'HOMME : D'où tu sors, toi ?

Lucien continue, sa bicyclette à la main. On entend un bruit de bottes. Il se jette sous une porte cochère. Une patrouille allemande passe devant lui. Lucien sourit, les laisse s'éloigner et reprend sa route.
Il marche maintenant dans une rue plus large, à la sortie de la ville, bordée de maisons 1900. Il entend une voiture, se cache. Une traction noire le dépasse, ralentit, et tourne pour passer une grille, à quelques mètres de lui. Il s'approche : la traction s'est arrêtée devant le perron d'une grosse villa, au style curieusement médiéval. De la voiture descendent un

1 **la timidité** → timide (Schüchternheit) – 1 **flatter** *ici :* caresser (streicheln, schmeicheln) – 1 **l'encolure** *f* le cou d'un cheval – 7 **crevé** éclaté (Reifenpanne haben) – 7 **proférer un mot** ausstossen – 8 **sonore** *ici :* laut und deutlich – 11 **décharger (un véhicule)** → la charge (entladen) – 12 **faire le guet** surveiller (aufpassen) – 12 **stupéfait** très étonné, surpris – 13 **surgir** apparaître – 16 **une botte** Stiefel – 16 **une porte cochère** une porte d'entrée (Toreinfahrt) – 20 **bordé** entouré des deux côtés – 22 **une grille** Gitter – 23 **une traction** une ancienne voiture Citroën – 23 **un perron** un petit escalier extérieur – 24 **médiéval** du Moyen Âge (mittelalterlich)

homme et deux filles qui rient et se bousculent en entrant dans la maison.

L'homme a pris les deux filles par la taille. Au-dessus de la grille, une pancarte porte en grosses lettres :

HÔTEL-RESTAURANT DES GROTTES

Il y a d'autres voitures rangées dans le parc.
À côté de l'entrée, une véranda fait saillie. Il n'y a pas de rideaux, les lumières sont allumées (c'est la seule maison qu'on aura vue dans la ville avec les lumières allumées). On aperçoit des ombres qui passent et repassent. Par la fenêtre ouverte, on entend des rires, et un phono qui joue une chanson d'André Claveau.
Une fille vient s'accouder à la fenêtre, un homme l'attrape, la tire en arrière. La femme pousse un cri perçant. Lucien, fasciné, a posé son vélo et s'est avancé jusqu'à un arbuste, derrière lequel il se dissimule, pour regarder ce qui se passe à travers la véranda.
Un homme armé d'une mitraillette arrive par-derrière, sans se faire entendre, et l'attrape brusquement par le cou. Lucien se débat, mais l'homme lui plante le canon de sa mitraillette sur le ventre. De sa main libre, il lui tâte les poches pour voir s'il est armé et lui assène deux gifles au passage.

4 **une pancarte** un panneau – 7 **une véranda** une galerie vitrée d'une maison (verglaster Vorbau, Veranda) – 7 **faire saillie** hervorspringen – 12 **André Claveau** (1915-2003) un chanteur très populaire de l'époque (« Le Prince de la chanson de charme ») – 13 **s'accouder** s'appuyer sur les coudes (→ le coude) (sich auf die Ellbogen stützen) – 14 **perçant** *ici :* aigu (→ percer) (schrill, gellend) – 15 **un arbuste** un petit arbre (Gebüsch) – 16 **se dissimuler** se cacher – 18 **armé (de)** → une arme (bewaffnet) – 18 **une mitraillette** Maschinenpistole – 20 **se débattre** *ici :* se défendre – 20 **planter** *ici :* mettre – 20 **un canon** Lauf einer Waffe – 21 **tâter** examiner avec les mains (abtasten) – 22 **assener une gifle à qn** donner un coup de la main sur la joue de qn (Ohrfeige verpassen) – 22 **au passage** en passant

LA SENTINELLE : Alors, le gamin, on espionne ? Avance, on va s'expliquer…

Il le fait avancer vers la maison, brutalement.

12.

Lucien, d'une bourrade, est poussé dans le hall d'entrée d'où part un grand escalier. Une autre sentinelle armée somnole dans un fauteuil.
Sous l'escalier, un couple élégant : Betty Beaulieu, une jolie fille très apprêtée, et Jean-Bernard de Voisins, un jeune homme au physique avantageux qui se donne des allures de dandy.

JEAN-BERNARD *(à Betty)* : Tu as des nouvelles de Paris ?

Betty a un gros chien, un danois superbe, couché à côté d'elle. Il se dresse et s'approche de Lucien, en grognant et l'air mauvais, comme s'il allait lui sauter à la gorge. Betty l'appelle.

BETTY : Kid, viens, Kid… Viens ici, Kid…

La sentinelle pousse Lucien dans une pièce contiguë, où se trouvent un bar et trois tables. Ébloui par la lumière, il regarde autour de lui.

Derrière le bar, Marie, la serveuse, une petite brune aux traits irréguliers. À côté d'elle, Henri Aubert, un bel homme de

1 **un gamin** *fam* un garçon – 1 **espionner** → un espion (herumspionieren) – 6 **une sentinelle** un soldat qui surveille – 6 **somnoler** dormir peu profondément – 9 **apprêté** maniéré, peu naturel (affektiert) – 10 **le physique** l'aspect *m* extérieur d'une personne – 10 **une allure** un comportement, une conduite – 11 **un dandy** un homme avec des manières très élégantes et raffinées – 13 **un danois** *ici :* Dogge – 14 **grogner** knurren – 15 **une gorge** une partie du cou (Gurgel) – 17 **contigu** avoisinant, à côté – 18 **éblouir** aveugler (blenden) – 20 **les traits** *mpl* les lignes *fpl* du visage (Gesichtszüge)

trente-cinq ans, aux cheveux lisses et brillants, agite un shaker en susurrant des gentillesses à une grosse blonde assise de l'autre côté du bar et qui rit beaucoup. Autour du bar, beaucoup de photos dont quelques-unes montrent Aubert en coureur cycliste.

Par une porte sur le côté, une grande salle à manger, où une dizaine de personnes sont attablées. Quelques couples dansent au milieu des tables.

Assis à une table, dans le bar, Tonin, un homme corpulent d'une cinquantaine d'années, au visage gonflé d'alcoolique, joue à la belote avec deux vieux sous-officiers allemands.

À une autre table, deux femmes discutent, étrangement calmes au milieu du chahut général : Lucienne, la compagne de Tonin, très raide et pincée, et Mme Georges, personnage mystérieux, aux allures masculines.

Lucien, ébahi, reste planté au milieu de la pièce. Les conversations s'arrêtent. Les regards se tournent vers lui.

TONIN : Qui c'est, celui-là ?

LA SENTINELLE : Je l'ai trouvé dans le jardin... Il espionnait...

LUCIEN : C'est pas vrai... Je faisais rien. Je rentrais à l'hospice...

Aubert s'approche de lui.

AUBERT : Dis donc, petit gars, tu sais pas que c'est interdit de se promener en ville après dix heures ?

Lucien le regarde fixement, sans répondre.

1 **lisse** ≠ ondulé (glatt) – 1 **agiter** *ici :* secouer – 2 **un shaker** un récipient qui sert à préparer des cocktails (Mixbecher) – 2 **susurrer** chuchoter, murmurer (zuflüstern) – 5 **cycliste** à bicyclette – 7 **attablé** à table – 9 **corpulent** fort, gros – 10 **gonflé** *ici :* aufgedunsen – 11 **la belote** jeu de cartes français – 13 **le chahut** le bruit, le désordre – 14 **raide** *ici :* rigide (steif) – 14 **pincé** distant, contraint (verkniffen) – 16 **ébahi** très étonné, surpris – 16 **planté** *ici :* debout et immobile – 22 **un gars** *pop* un garçon

AUBERT : Qu'est-ce que tu as à me regarder ?

LUCIEN : Vous êtes pas Henri Aubert, le coureur cycliste ?

AUBERT *(avec un sourire vaniteux)* : Tu m'as vu courir, petit ?

LUCIEN *(admiratif)* : Oui, au Grand Prix de Caussade, en 39. J'étais avec mon père... Vous avez gagné.

AUBERT *(sourire)* : Je me rappelle... Tu es de la ville ?

LUCIEN : Non, de Souleillac...

AUBERT : Attends... Je connais du monde à Souleillac. L'épicière, comment elle s'appelle ?

LUCIEN : Mme Cabessut.

AUBERT *(sourire)* : C'est ça, Mme Cabessut, une brune...

Lucienne se lève et vient parler à l'oreille de Tonin. Celui-ci se lève en regardant Lucien. Et, le prenant par les épaules, d'un geste large d'ivrogne, il l'entraîne.

TONIN : Viens boire un verre.

Ils arrivent au bar. Tonin tient toujours Lucien aux épaules, affectueusement. Lucienne les a suivis.

TONIN : Marie, deux Suze. *(à Lucien)* Alors, comme ça, tu viens de Souleillac ?

LUCIEN : Vous connaissez !

TONIN *(Il lui met un verre dans la main et trinque avec lui.)* : C'est beau, par là, c'est sauvage... C'est le Causse, comme vous dites... un coin à maquis, à ce qu'il paraît ?

Lucien boit un grand coup. Il sourit.

3 **vaniteux** → la vanité (eitel, selbstgefällig) – 8 **une épicière** femme qui vend des produits d'alimentation (→ un épicier) (Lebensmittelhändlerin) – 14 **un ivrogne** un alcoolique, qui boit trop d'alcool (→ ivre) – 14 **entraîner qn** emmener qn (plus ou moins de force) – 17 **affectueusement** tendrement, doucement – 18 **une Suze** un alcool, une liqueur fait de gentiane (Aperitif aus Enzian) – 21 **trinquer** boire après avoir choqué les verres (anstoßen)

LUCIEN : Vous savez, ils se montrent pas beaucoup.

Aubert, jouant le jeu de Tonin, intervient.

AUBERT : Elle va toujours bien, Mme Cabessut ?... Allez, bois un coup...

Plus tard. Les lumières sont éteintes, sauf une grosse lampe posée sur le bar. Lucien est accoudé à celui-ci, verre en main. Il est soûl. Lucienne, Tonin et Aubert l'entourent. Le jeune garçon semble flatté d'être l'objet de l'attention des trois autres.

LUCIENNE : Et comment il s'appelle, cet instituteur ?

LUCIEN : Peyssac... Peyssac Robert. Il paraît qu'il est franc-maçon... C'est quoi, un franc-maçon ?

TONIN : Et c'est lui qui commande ? Tu es sûr ?

LUCIEN *(péremptoire)* : Ouais, c'est lui. Mais avec un autre nom...

TONIN : Quel nom ?

LUCIEN : Attendez... Voltaire, on l'appelle... le lieutenant Voltaire.

Lucien ne se sent pas bien. Il finit son verre et essaie de monter sur un tabouret.

LUCIEN : Je peux m'asseoir ?

7 **soûl** ivre, qui a bu trop d'alcool – 11 **un franc-maçon** Freimaurer – 14 **péremptoire** décidé, absolument sûr – 14 **ouais** *pop* oui – 20 **un tabouret** un siège haut et rond

13.

Lucien dort, tout habillé, en chien de fusil, sur un canapé. La pièce, qui sert de bureau à Tonin, était à l'origine le salon de l'hôtel. Sa porte donne sur le hall d'entrée et l'escalier. Aux meubles de salon, on a rajouté une table de bois qui supporte une machine à écrire, des classeurs et une grande carte de la région. Beaucoup de dossiers traînent un peu partout. On entrouvre la porte. C'est Marie. Elle marche jusqu'au canapé.

MARIE *(secouant Lucien)* : Eh ! Il faut te réveiller !
LUCIEN (Il se retourne, il a du mal à ouvrir les yeux.) : Quoi ?
MARIE : C'est l'heure ! Mlle Chauvelot va arriver !

Lucien s'assied sur le rebord du lit et se tient le front.

LUCIEN : Oh ! Ma tête…
MARIE *(attendrie)* : Pauvre petit… Vous avez trop bu hier soir… Tu veux du café au lait et de l'aspirine ?

Elle lui passe la main dans les cheveux.

LUCIEN : Ouais…

Marie quitte la pièce. Lucien bâille, se lève, va à la fenêtre. Lucienne entre. Elle est vêtue d'une manière très stricte et porte un chignon. Elle a sous le bras un dossier. Elle s'assied immédiatement à son bureau et pose le dossier devant elle.

2 **en chien de fusil** les jambes *fpl* repliées (mit angezogenen Beinen) – 3 **à l'origine** *f* au début – 4 **donner sur qc** être orienté sur qc, s'ouvrir sur qc – 6 **un classeur** où on met les papiers d'un dossier (Ordner) – 7 **traîner** ≠ être rangé à sa place (herumliegen) – 8 **entrouvrir** ouvrir, mais pas complètement – 10 **secouer** remuer (schütteln) – 13 **le rebord du lit** le bord du lit (Bettrand) – 15 **attendri** touché, plein de pitié – 19 **bâiller** ouvrir la bouche quand on est fatigué – 21 **un chignon** Haarknoten, Dutt

LUCIENNE *(en regardant Lucien)* : Bonjour, jeune homme…
LUCIEN *(intimidé)* : Bonjour, madame.
LUCIENNE *(se redressant)* : Mademoiselle !

Marie revient avec un plateau sur lequel il y a un bol de café au lait fumant, du pain et du beurre.

MARIE *(à Lucienne)* : Excusez-moi, mademoiselle Chauvelot… Mais il n'y avait pas de chambre pour lui…
LUCIENNE : Très bien, très bien.

Marie sort. Lucien commence à boire son café, se fait des tartines.

LUCIENNE *(ouvrant son dossier)* : Bon appétit.

Lucien, la bouche pleine, lui fait un signe de tête. Lucienne ouvre son dossier, dont elle feuillette rapidement les pages, en donnant des coups de tampon au fur et à mesure. Lucien, en mangeant, l'observe.
Entre un jeune soldat allemand, un Feldwebel, qui se dirige vers le bureau de Lucienne. Il lui serre la main. Elle lui fait un grand sourire.

LE SOLDAT *(aimable)* : Bonjour, Fraulein Chauvelot.
LUCIENNE : Comment ça va ce matin ?…
LE SOLDAT : Merci, ça va.
LUCIENNE : Attendez, j'ai presque fini…
LE SOLDAT : Quel beau temps aujourd'hui…
LUCIENNE : Vous voulez dire : quelle chaleur !…

2 **intimidé** *ici :* timide, gêné – 3 **se redresser** se remettre droit, debout (sich gerade hinsetzen) – 10 **une tartine** une tranche de pain avec du beurre, de la confiture etc. – 13 **feuilleter** tourner des feuilles, des pages (→ la feuille) (durchblättern) – 14 **un tampon** un cachet (Stempel) – 19 **aimable** très gentil (→ aimer)

Elle tamponne encore quelques feuillets, referme le dossier et le tend au jeune Allemand.

LUCIENNE : C'est pour M. Muller...

LE SOLDAT *(prenant le dossier)* : Einverchtanden, Fraulein Chauvelot... Auf Wiedersehen...

Il lui serre la main et sort.
Lucien a suivi la scène avec un regard étonné.
Lucienne prend sur la table une grande quantité d'enveloppes et les trie.

LUCIENNE : Ils sont serviables... et ponctuels... Si on avait été comme eux, on aurait gagné la guerre... Ah zut ! Je me suis cassé un ongle... *(Elle regarde son index.)*

Entre Tonin, débraillé. Il est suivi d'un jeune coiffeur avec ses instruments.

TONIN *(à Lucienne)* : Qu'est-ce que tu disais, maman ?

LUCIENNE : Je me suis cassé un ongle.

Il va vers elle et l'embrasse sur le front.

LUCIENNE *(d'un ton de reproche)* : Tu as bu, Pierre... C'est mauvais le matin.

TONIN *(faisant l'enfant)* : Rien qu'une petite Suze, maman. Ça fait du bien... Avec cette chaleur, on se croirait à Saïgon...

1 **un feuillet** une feuille, une page – 9 **trier** classer, ranger – 10 **serviable** obligeant, qui aime rendre service à qn (→ servir) – 10 **ponctuel** exact, précis (→ le point) – 12 **un ongle** ce qui recouvre le bout du doigt (Fingernagel) – 12 **un index** le deuxième doigt de la main, avec lequel on montre des choses – 13 **débraillé** *ici :* mit heraushängendem Hemd – 18 **un reproche** un blâme, une critique (Vorwurf) – 21 **Saïgon** la capitale du Viêtnam du Sud

Il s'assied sur une chaise au milieu de la pièce. Le jeune homme lui étend une serviette sur les épaules et commence à lui couper les cheveux.

TONIN *(à Lucien)* : Comment ça va, mon grand ?

LUCIEN : Ça va, monsieur Tonin.

TONIN *(à Lucienne, en désignant Lucien)* : Tu ne trouves pas qu'il ressemble à Paul ?

LUCIENNE *(oscillant de la tête)* : Un peu... Paul était plus mince...

TONIN : Et si tu me lisais un peu le courrier, maman...

Lucienne prend une lettre sur la pile et la lit.

LUCIENNE *(lisant)* : Messieurs de la Gestapo, exploitant agricole, médaillé militaire, je viens vous rendre compte des agissements troubles du nommé Louvel Etienne. Non seulement cet individu...

Pendant qu'elle lit, on entend des voix dans l'entrée. Lucienne s'interrompt quand entre dans la pièce Peyssac, l'instituteur, les menottes aux poignets, poussé par Henri Aubert, en survêtement, et par Faure, un autre membre du groupe, environ trente ans, l'air d'un intellectuel, insinuant et fouineur.

7 **ressembler à qn** rappeler qn, être semblable à qn – 8 **osciller de la tête** *ici :* den Kopf wiegen – 9 **mince** ≠ gros – 11 **une pile** des objets mis les uns sur les autres (Stoß) – 12 **un exploitant agricole** un paysan (propriétaire) – 12 **le médaillé** qui est décoré d'une médaille – 13 **rendre compte à qn de qc** *ici :* informer qn de qc – 13 **les agissements** *mpl ici :* aufrührerische Umtriebe – 18 **une menotte** Handschelle – 18 **le poignet** Handgelenk – 19 **le survêtement** vêtement que l'on met sur une tenue de sport (Trainingsanzug) – 20 **insinuant** → insinuer (schmeichlerisch) – 21 **fouineur** curieux, indiscret

AUBERT *(à Tonin, jovial)* : Tiens, on t'apporte le lieutenant Voltaire, tout chaud... On l'a trouvé au lit. Il dormait comme un ange...

FAURE : Il avait des tracts sur sa table de nuit, cet innocent... *(lisant un tract :)* « Les troupes allemandes reculent sur tous les fronts. Vous serez bientôt libres dans une France Libre... » Ils pourraient peut-être demander l'avis de tout le monde... Moi, je n'ai pas envie d'être libéré par la Banque Rothschild... C'est mon droit, non ?

Lucien, bouche bée, considère Peyssac qui tient la tête haute. Il s'approche de lui, très près.

LUCIEN *(à voix basse)* : Monsieur Peyssac, qu'est-ce que...

PEYSSAC *(à mi-voix)* : Tais-toi, salopard !

Le jeune coiffeur asperge les cheveux de Tonin d'un liquide genre Pétrole Hahn.

TONIN : Vous êtes le bienvenu, monsieur Peyssac. *(à Faure)* Monte-le au premier, j'arrive...

FAURE : Vous voulez que je le commence ?

TONIN *(agacé)* : Non. Tu m'attends...

Faure hausse les épaules et pousse Peyssac vers la porte.

FAURE : C'est drôle, je n'ai jamais aimé les instituteurs.

AUBERT *(à Tonin)* : Bon. Si vous n'avez pas besoin de moi, je vais prendre ma douche.

3 **un ange** Engel – 4 **un tract** une feuille de propagande politique (Flugblatt) – 5 **reculer** se retirer, aller en arrière – 8 **Rothschild** famille juive, riche et renommée – 10 **bouche bée** la bouche ouverte (d'étonnement), très surpris – 10 **considérer qn** regarder qn attentivement – 13 **le salopard** *pop* gemeiner Lump – 14 **asperger** arroser légèrement (besprühen) – 14 **le liquide** Flüssigkeit – 15 **le genre Pétrole Hahn** *ici :* la marque Pétrole Hahn, marque très connue (Art) – 16 **vous êtes le bienvenu** je vous salue

Il sort à son tour.

FAURE *(off)* : Je sais pas pourquoi, ils sont tous socialistes. Vous êtes socialiste, vous ?

Lucien s'approche de Tonin.

LUCIEN : Qu'est-ce que vous allez lui faire ?

Le jeune coiffeur enduit les cheveux de Tonin de brillantine et le coiffe très lentement et consciencieusement.

TONIN : On va bavarder… *(Il sourit.)* T'inquiète pas ! *(à Lucienne)* Il faudrait lui trouver une occupation à ce grand garçon…

LUCIENNE *(très autoritaire)* : Il n'a qu'à m'aider à ouvrir les lettres…

Lucien s'approche de Lucienne. Elle lui tend une pile de lettres et un couteau.

LUCIENNE *(ouvrant une lettre avec le couteau)* : Vous faites comme ça.

Lucien s'exécute, avec maladresse.

TONIN : Continue, maman…

LUCIENNE *(ouvrant une lettre, la lisant mécaniquement)* : « Je tiens à signaler à votre attention que la femme Lebœuf Solange, modiste à Lubsac, reçoit fréquemment la visite de ses deux fils réfractaires et communistes. Pas plus tard qu'hier… »

2 **(voix) off** qui vient du fond – 6 **enduire** auftragen, einreiben – 7 **coiffer** arranger les cheveux (→ le coiffeur) – 7 **consciencieusement** avec soin, scrupuleusement (→ la conscience) – 8 **bavarder** *fam* causer, parler – 16 **s'exécuter** *ici :* obéir – 16 **avec maladresse** *f* ≠ habilement (→ maladroit) (ungeschickt) – 19 **signaler** indiquer, informer – 20 **la modiste** Putzmacherin, Modistin – 20 **fréquemment** souvent – 21 **réfractaire** rebelle

Tonin *(ennuyé)* : D'accord, d'accord…

Lucienne prend une autre lettre que lui tend Lucien.

Lucienne : « Catholique pratiquant, trouvant le marché noir indigne d'un Français et d'un chrétien…

Tonin *(levant le bras pour l'interrompre)* : Bon !… Y a rien de sérieux ce matin !

Lucienne *(prenant un papier)* : Si. Une plainte de la Préfecture concernant la disparition du docteur Pradines.

Tonin : Laisse courir, maman… Ils sont pas près de le retrouver, le docteur Pradines…

Le jeune coiffeur tend un miroir de manière à ce que Tonin puisse voir sa nuque et ses tempes. Tonin acquiesce de la tête et se lève, en bâillant.

Tonin : Bon. Je vais m'occuper de Voltaire.

Il rit et sort rapidement de la pièce. Le jeune homme plie ses serviettes, range ses ciseaux et part à son tour.
Pendant ce temps, Lucien ouvre les lettres, les tend à Lucienne qui les range dans des dossiers.

Lucien *(hésitant)* : Vous êtes la… maman de M. Tonin ?

Lucienne *(haussant les épaules)* : Mais non, voyons…

Elle ouvre un tiroir, y prend un autre paquet de lettres qu'elle pose sur la table devant Lucien.

3 **pratiquant** qui observe les pratiques d'une religion (praktizierend) – 4 **indigne** → digne, la dignité (unwürdig) – 8 **une disparition** ≠ une apparition (→ disparaître) – 9 **laisser courir** *ici :* die Dinge laufen lassen – 12 **la nuque** partie derrière du cou (Nacken) – 12 **la tempe** Schlafe – 12 **acquiescer** consentir, être d'accord – 16 **plier** *ici :* zusammenlegen, falten – 17 **les ciseaux** *mpl* instrument qui sert à couper le papier, les cheveux

LUCIEN : Y en a encore beaucoup comme ça ?

LUCIENNE (sans lever les yeux) : Nous en recevons environ deux cents par jour. Il y a même un monsieur qui nous écrit pour se dénoncer lui-même. (Elle hausse les épaules.) C'est comme une maladie…

Lucien continue d'ouvrir les lettres.

LUCIENNE (lisant et soulignant quelque chose au crayon rouge) : Vous… voulez travailler dans la police ?

LUCIEN : Je sais pas.

LUCIENNE : Vous êtes jeune… (Elle le regarde.) Je crois que l'inspecteur Lanciaga vous aime beaucoup.

LUCIEN (surpris) : Il est inspecteur, M. Tonin ?

Lucienne pose son crayon, rêveuse.

LUCIENNE *(pour elle-même)* : Il l'était… Un policier exceptionnel…

LUCIEN *(Il hésite.)* : Et… il l'est plus ?

Elle le regarde.

LUCIENNE *(intense)* : Ils l'ont révoqué, en 36, comme un malpropre !…

4 **(se) dénoncer** (se) trahir (soi-même) (Selbstanzeige erstatten) – 13 **rêveur** → le rêve (träumerisch, nachdenklich) – 18 **révoquer qn** relever qn de ses fonctions, licencier qn (entlassen) – 18 **en 36** en 1936 *(Beginn der Volksfrontregierung unter dem Sozialisten Léon Blum (1872-1950))* – 19 **le malpropre** le malhonnête, le salaud (gemeiner Lump)

14.

Plus tard. Lucien passe du bureau dans un hall d'entrée. Ses galoches claquent sur le carrelage. On entend un grand cri, un hurlement de douleur, en provenance de l'étage. Lucien s'approche de l'escalier, les yeux levés. Deux enfants de cinq ou six ans descendent les marches en se poursuivant. On entend un autre cri. Marie apparaît par une petite porte sous l'escalier, portant un plateau de verres.

MARIE : Restez pas là, les enfants… Allez !…

Elle fait un sourire à Lucien et rentre dans le bar. Lucien entend des bruits de balles de ping-pong et des rires. Il va vers la porte sous l'escalier.
Il pénètre dans une grande pièce non meublée et en mauvais état. Dans un coin sont entassées des caisses en désordre. Au centre de la pièce, Betty Beaulieu et Jean-Bernard de Voisins jouent au ping-pong. Betty pousse des cris de petite fille. Elle porte une jupe-culotte et un foulard noué en turban. Lucien s'approche. Il les regarde un instant. Ils discutent en jouant.

BETTY *(à Jean-Bernard)* : Dis, Jean-By ?
JEAN-BERNARD : Quoi, chérie !
BETTY : Il doit bien y avoir une boîte tzigane à Toulouse !
JEAN-BERNARD *(las)* : Non, chérie. À Toulouse, il n'y a rien ! Rien !
BETTY : Alors quand est-ce que tu m'emmènes à San-Sebastian ?
JEAN-BERNARD : Bientôt, chérie.

3 **une galoche** chaussure à semelle de bois (Holzpantinen) – 3 **claquer** klappern – 3 **le carrelage** Fliesenboden – 4 **un hurlement** un cri très fort (→ hurler) – 4 **en provenance de** qui vient de (→ venir) – 6 **une marche** *ici :* de l'escalier (Stufe) – 13 **pénétrer** entrer – 14 **entasser** → le tas (stapeln) – 14 **une caisse** boîte qui sert à transporter des objets (Kiste) – 17 **une jupe-culotte** sorte de culotte très large (Hosenrock) – 17 **nouer** → le nœud (knüpfen, knoten) – 21 **une boîte (de nuit)** cabaret où l'on danse (Nachtlokal) – 21 **tzigane** tsigane, gitan (Zigeuner-)

Pendant ce temps, Lucien s'est approché d'Aubert, au fond de la pièce. Celui-ci, les cheveux mouillés et une serviette autour du cou, nettoie des pistolets posés devant lui sur une table. Derrière lui, quelques mitraillettes sont alignées sur un râtelier. Aubert fait un sourire à Lucien.

AUBERT : Tu as déjà tiré avec un truc comme ça ?
LUCIEN : Non.
AUBERT : C'est pas difficile !

Il lui met un Luger dans la main, lui indique la position exacte du bras.

AUBERT *(technique)* : Bien souple…

Il lui désigne, à quelques mètres, épinglée au mur, une grande affiche du maréchal Pétain, sous laquelle est écrit : « Êtes-vous plus français que lui ? »

AUBERT : Tu vises la narine gauche.

Lucien vise soigneusement et tire. Betty, qui joue toujours au ping-pong à l'arrière-plan, pousse un cri.

AUBERT : Je t'ai dit la narine gauche, pas le képi !

Lucien tire à nouveau.

1 **au fond de** dans la partie arrière de – 2 **mouillé** ≠ sec – 4 **aligné** rangé sur une même ligne (→ la ligne) – 5 **un râtelier** (d'armes) où l'on range les armes (Gewehrständer) – 6 **un truc** *fam* une chose, un objet – 9 **un Luger** pistolet automatique allemand – 9 **indiquer** montrer – 11 **technique** *ici :* fachmannisch – 11 **souple** geschmeidig *ici :* locker – 13 **épinglé** attaché avec une épingle (mit Nadeln befestigt) – 14 **une affiche** Plakat – 16 **une narine** l'ouverture *f* du nez – 18 **à l'arrière-plan** *m* à l'arrière, au fond – 19 **un képi** chapeau porté par les militaires, les agents de police etc.

AUBERT : C'est mieux. Mais tu relèves encore trop... Tu es trop raide !

Il corrige la position de Lucien, qui tire à nouveau. Pendant ce temps, à l'arrière-plan, Betty et Jean-Bernard se disputent. Betty tape du pied.

BETTY : Mais dis donc, qu'est-ce qui te prend ? Pourquoi tu me parles comme ça ? *(Elle jette sa raquette.)* Et puis j'en ai assez, moi, d'être dans ce trou ! Je rentre à Paris !

JEAN-BERNARD : Tu sais bien qu'on ne peut pas, chérie !

BETTY : Ce n'est pas parce que Monsieur a fait des chèques sans provisions que je dois moisir ici ! J'en ai assez, assez ! Il faut que je rentre à Paris ! Je dois voir Greven pour signer mon contrat avec la Continental !... Tu entends !

Elle part.
Jean-Bernard se passe une main sur le front en signe de fatigue. Il s'approche de Lucien et le regarde tirer.

AUBERT *(à Jean-Bernard)* : Il tire mieux que toi...

JEAN-BERNARD : C'est pas difficile !... *(à Lucien)* Tu restes avec nous ?

LUCIEN : Je sais pas.

Il continue de tirer, très concentré.

5 **taper du pied** *ici :* zornig mit dem Fuß aufstampfen – 8 **le trou** *fam* petit village perdu (Nest, Kaff) – 10 **(un chèque) sans provision** *ici :* ungedeckt – 11 **moisir** *ici :* versauern – 13 **un contrat** une convention (Vertrag) – 13 **la Continental** une compagnie allemande, fondée en France en 1944 pour produire des films français et disparue à la Libération

15.

Jean-Bernard fait monter Lucien dans une Delahaye Grand Sport rangée devant l'hôtel des Grottes. Pendant qu'il s'installe au volant et fait ronfler le moteur, tout en enfilant des gants moitié cuir moitié fil, Lucien caresse le tableau de bord, ouvre la boîte à gants, y trouve des lunettes de soleil, les met (Il les gardera, même chez Horn).

LUCIEN : Où on va ?

JEAN-BERNARD : Chez Albert Horn, mon vieux... *(Il le regarde en souriant.)* Tu ne sais pas qui c'est ?... Un des meilleurs tailleurs de Paris !

Sur cette dernière phrase, la Delahaye démarre et s'éloigne. Elle roule rapidement dans une rue étroite de la ville et s'arrête devant une maison massive. Jean-Bernard et Lucien descendent.

Ils montent les marches d'un grand escalier en mauvais état.

LUCIEN *(étonné)* : Il habite ici ?

JEAN-BERNARD : Oui. Il se planque... *(Il rit.)* Il ne travaille que pour moi... Je n'aurais jamais imaginé que je le retrouverais dans ce trou...

Ils traversent un petit jardin. Une vieille dame, qui arrose des fleurs, s'interrompt et les suit des yeux.

JEAN-BERNARD *(en murs de conversation)* : ... Oui, j'étais dans un collège, pas loin d'ici, à Sorèze. Tu connais ?

LUCIEN : Non.

JEAN-BERNARD : Ils m'ont mis à la porte...

2 **la Delahaye** marque d'une voiture de luxe – 4 **faire ronfler le moteur** *ici :* aufheulen lassen – 4 **enfiler** *ici :* mettre – 5 **moitié cuir** halb Leder – 5 **moitié fil** halb Garn – 5 **un tableau de bord** *d'une voiture* Armaturenbrett – 10 **un tailleur** qui fait des costumes sur mesure (Maßschneider) – 12 **démarrer** commencer à rouler – 18 **se planquer** *pop* se cacher – 21 **arroser** gießen – 26 **mettre qn à la porte** *fam* congédier, renvoyer qn (rausschmeißen)

Ils montent maintenant un escalier à vis. Jean-Bernard siffle un air d'André Claveau, Marjolaine. *Il s'arrête devant une porte et sonne.*
La porte s'entrouvre : Horn, un homme massif d'une cinquantaine d'années, passe la tête par l'entrebâillement.

HORN *(à Jean-Bernard)* : Ah, c'est vous…

Jean-Bernard et Lucien suivent Horn dans une pièce en grand désordre, pleine de meubles et de vieux journaux. Les boiseries sont belles, mais on sent que la pièce a été inoccupée pendant longtemps. En face de la porte d'entrée, un large couloir s'enfonce vers une porte fermée. On y aperçoit, contre le mur, un réchaud vétuste, et un lavabo. Une porte à double battant donne sur une vaste pièce sombre, encombrée de meubles recouverts de housses.
Horn ferme la porte d'entrée et s'approche de Jean-Bernard. Il porte une robe de chambre en soie et donne une impression de négligé.

JEAN-BERNARD *(mondain)* : Je vous dérange ?
HORN *(froid)* : Jamais.
JEAN-BERNARD *(désignant Lucien)* : Je vous amène un client…

2 **un air** *d'une chanson* une mélodie – 2 **Marjolaine** une chanson très populaire à l'époque – 5 **l'entrebâillement** *m d'une porte* (Tür-)Spalt – 8 **une boiserie** un élément de menuiserie (→ le bois) (Holzverkleidung, Täfelung) – 10 **un couloir** un passage entre les pièces d'un appartement (Hausflur, -gang) – 11 **s'enfoncer vers qc** *ici :* zu etw (hin-) führen – 12 **un réchaud** → chaud (Kochplatte) – 12 **vétuste** vieux – 12 **une porte à double battant** Schwingtür – 13 **encombré de qc** *ici :* rempli de qc (vollgestellt) – 14 **une housse** une sorte de couverture (Möbelüberzug) – 16 **une robe de chambre** Morgenrock – 16 **la soie** Seide – 17 **négligé** *ici :* peu soigné – 18 **mondain** *ici :* comme un homme du monde (weltmännisch)

Horn dévisage Lucien et lui fait un léger signe de tête. Jean-Bernard s'affale sur une sorte de canapé défoncé. Lucien et Horn restent debout.

JEAN-BERNARD : C'est son premier costume… Ça compte dans la vie d'un homme…

Lucien est bien campé sur ses jambes et se dandine légèrement.

JEAN-BERNARD : Vous vous rappelez quand je suis venu chez vous pour la première fois avec papa… J'avais douze ans…
HORN *(la tête baissée)* : Oui.

Jean-Bernard allume une cigarette.

JEAN-BERNARD : Vous étiez rue Marbeuf, à ce moment-là…

Horn semble n'avoir pas entendu et jauge Lucien comme s'il calculait ses mesures. Il désigne deux coupons de tissu posés sur une table près du canapé.

HORN *(avec lassitude)* : Ce jeune homme veut-il le Prince de Galles ou la flanelle bleue, comme je vous ai fait il y a quinze jours ?
JEAN-BERNARD : Prince de Galles ! Tu es d'accord, Lucien ?
LUCIEN *(intimidé)* : Je m'en fiche.

Horn prend un centimètre, du papier et un crayon sur la table. Il prend les mesures de Lucien.

1 **dévisager qn** regarder qn avec attention (→ le visage) – 2 **s'affaler** se laisser tomber – 2 **défoncé** *ici :* durchgesessen – 6 **être bien campé sur ses jambes** breitbeinig dastehen – 6 **se dandiner** se mettre maladroitement d'une jambe sur l'autre (sich aus Unsicherheit von einem Bein auf das andere stehen) – 13 **jauger qn du regard** jdn von oben bis unten anschauen – 14 **le coupon (de tissu)** pièce d'étoffe roulée (Stoffballen) – 16 **la lassitude** *ici :* la résignation (→ las) (Müdigkeit) – 16 **le Prince de Galles** fein kariertes Tuch – 19 **je m'en fiche** *fam* cela m'est bien égal

À ce moment-là, une porte s'ouvre dans le couloir : une vieille dame entre dans la pièce, une tasse à la main, marche vers Horn, et semble ne prêter aucune attention à Jean-Bernard et à Lucien. Horn lui dit quelques mots en allemand. Jean-Bernard se lève et s'incline avec une courtoisie très vieille France.

JEAN-BERNARD : Madame…

La vieille dame ne lui répond pas.
Lucien l'observe derrière ses lunettes noires. Elle retourne dans le couloir et fait chauffer une casserole sur le réchaud. Jean-Bernard se rassied sur le canapé, soucieux.

JEAN-BERNARD (à mi-voix) : Elle est bizarre, madame votre mère…

Horn continue à prendre les mesures de Lucien. Jean-Bernard tâte les coupons de tissu posés sur la table.

JEAN-BERNARD (rêveur) : Ils sont beaux, ces tissus… Je les ai eus pour rien ! Quelques bons d'essence… (à Horn) Je ne vous ai jamais dit d'où ils viennent ? De chez Cassels… On a liquidé ses stocks… Il était citoyen anglais…

Horn lève les yeux.

HORN : Qu'est-ce qu'il est devenu, Cassels ?
JEAN-BERNARD *(vipérin)* : Je crois qu'il y a un camp, à Saint-Denis, pour les Anglais… Pour les Juifs, c'est à Drancy.

5 **s'incliner** sich verbeugen – 5 **la courtoisie** la politesse (→ courtois, la cour) – 5 **« vieille France »** raffiné et démodé (nach alter franz. Art und Sitte) – 9 **une casserole** Topf mit Stiel – 10 **soucieux** inquiet (→ le souci) (besorgt) – 17 **liquider** *ici :* räumen – 18 **un stock** les marchandises *fpl* en réserve d'un *magasin* (Warenlager) – 21 **vipérin** venimeux, méchant (→ la vipère) (giftig, boshaft) – 21 **le camp** *ici :* le camp de concentration Saint-Denis, ville au nord de Paris – 22 **Drancy** une ville au nord de Paris, avec un camp de prisonniers politiques de 1941 à 1944

HORN : Je sais.

Il a fini de prendre les mesures de Lucien.

HORN *(à Lucien)* : Je vous remercie.

Lucien va s'asseoir sur le canapé à côté de Jean-Bernard. Il joue avec le briquet de Jean-Bernard, allume une cigarette.

HORN *(se tournant vers Jean-Bernard, froidement)* : Ce sera prêt dans cinq jours.

JEAN-BERNARD : Dites-moi, j'ai du nouveau pour l'Espagne. Il faut mettre le prix fort.

HORN *(doucement)* : Vous trouvez que je n'ai pas déjà mis le prix fort !

JEAN-BERNARD : Ils vont prendre des mesures de plus en plus sévères contre les gens comme vous.

HORN : Ce que je vous ai donné ne vous suffit pas !

JEAN-BERNARD : Ça, mon cher, c'était pour les faux papiers. *(se tournant vers Lucien et désignant Horn)* Monsieur est un Juif riche et avare…

Brusquement, on entend un piano tout à côté. Horn se dirige vers la pièce voisine. On ne le voit plus, mais on entend des chuchotements qui ressemblent à une dispute. Le piano se tait. Horn revient dans la pièce, fermant la porte communicante. En même temps, il dit une phrase en allemand à sa mère, qui va et vient dans le couloir. Jean-Bernard se lève et s'approche de Horn.

5 **un briquet** sert à allumer les cigarettes (Feuerzeug) – 9 **mettre le prix fort** payer cher – 17 **avare** qui a beaucoup d'argent et ne veut pas le dépenser (geizig) – 21 **une porte communicante** une porte qui relie deux pièces (→ communiquer)

JEAN-BERNARD *(sournois)* : Vous devez regretter Paris ? Vous savez qu'il y a deux fois plus de boîtes de nuit qu'en 39 ? La guerre a du bon, finalement.

Pendant ce temps, Lucien joue distraitement avec le briquet de Jean-Bernard…

16.

Au bar de l'hôtel des Grottes, Faure, l'oreille collée au poste de T.S.F., écoute le bulletin d'informations de la Radio nationale, qui donne des nouvelles du front de Normandie : nouvelles pro-allemandes, faisant état de grosses pertes du côté allié. De l'autre côté du bar, Aubert et Mme Georges discutent à voix basse autour d'un dossier. Marie passe devant eux, portant un plateau de verres qu'elle dépose à une table où se trouvent Lucien, Betty, Jean-Bernard et le chien danois. Betty porte le verre à ses lèvres, boit et fait la grimace.

BETTY : Ce n'est pas une vraie « Dame Rose » !
JEAN-BERNARD : Je t'en prie, chérie. Cette jeune fille a fait ce qu'elle a pu.

Et il fait un clin d'œil à Marie.

BETTY : Tu sais où j'ai bu les meilleures « Dame Rose » ? Au bar de Rudy Hiden, rue Magellan… C'est le meilleur bar anglais de Paris… *(à Faure, élevant la voix)* Si vous nous mettiez de la musique ?

1 **sournois** qui cache ses sentiments réels (hinterhältig, falsch) – 1 **regretter** vermissen – 4 **distraitement** *ici :* qui ne fait pas attention (→ la distraction) (geistesabwesend) – 7 **collé à qc** *ici :* tout près de qc (→ la colle) – 7 **le poste de T.S.F.** le poste de radio – 8 **un bulletin d'informations** les nouvelles officielles – 10 **faire état de qc** rapporter qc, informer de qc – 10 **le côté allié** les alliés de la France (les États-Unis, l'Angleterre etc.) – 19 **faire un clin d'œil à qn** donner un signe d'œil à qn (zuzwinkern)

Faure se retourne.

FAURE (énervé) : Je vous en prie, mademoiselle Beaulieu. Il se passe des choses graves !

Betty a un geste d'impatience. Elle se tourne vers Lucien.

BETTY (charmante) : Vous savez que je fais du cinéma, Lucien ?

LUCIEN : Ah bon...

BETTY : L'année dernière, j'ai eu un très beau rôle dans Nuit de rafle, avec Yvon Nevers...

LUCIEN : Alors, on peut vous voir au cinéma !

BETTY : À Paris, vous pourriez, Lucien... *(Elle regarde Jean-Bernard, avec intention.)* Malheureusement, dans ce trou, les cinémas ne montrent que des vieux films...

JEAN-BERNARD : Eh oui...

Jean-Bernard s'est levé et s'est approché de Faure et de la T.S.F. Les informations se terminent. Faure se tourne vers lui, souriant.

FAURE : C'est bien ce que je pensais : les Américains ne sont pas des soldats ! Il paraît qu'ils mettent leurs nègres en première ligne...

JEAN-BERNARD *(ironique)* : Vous êtes partial, mon vieux. Qui vous dit que ces informations sont exactes !

FAURE *(souriant)* : Vous plaisantez !

JEAN-BERNARD : Pas du tout. Il faut toujours écouter Radio-Londres, pour faire la moyenne...

4 **l'impatience** *f* le manque de patience (Ungeduld) – 7 **une rafle** Razzia – 20 **partial** voreingenommen – 22 **plaisanter** blaguer, dire des choses drôles – 23 **Radio-Londres** station de radio qui diffuse les informations et les appels du gouvernement provisoire français du général de Gaulle, en exil à Londres depuis 1940

Il tourne le bouton de la T.S.F., cherchant à capter la radio anglaise. Faure dégouline de sueur.

JEAN-BERNARD : Vous n'avez pas chaud avec votre veste ?

FAURE : Non.

Betty finit de dédicacer une photo d'elle-même à Lucien, une de ces photos d'actrice style Harcourt, dont elle a sorti une pile de son sac.

BETTY : Voilà, Lucien !… *(Elle lit la dédicace :)* « À Lucien, par un soir de juin, avec tous mes vœux de bonheur, de poésie et de succès. »

Elle lui tend la photo.
Jean-Bernard a trouvé un poste anglais, qui donne aussi des informations, évidemment très différentes.
Faure, un peu en retrait, a déplié un journal « Je suis Partout ».

JEAN-BERNARD *(se penchant vers Faure)* : Vous comprenez l'anglais, Stéphane !

FAURE *(sans lever les yeux de son journal)* : Non. Pour quoi faire ?

Il regarde Jean-Bernard.

FAURE *(voix forte)* : Je n'ai pas l'intention de retourner ma veste, moi… Vous voulez que je vous dise ce que je pense des Anglais ?… Ils me dégoûtent…

2 **dégouliner de sueur** transpirer (schweißgebadet sein) – 5 **dédicacer qc à qn** mit einer Widmung versehen – 6 **Harcourt** maison d'édition américaine spécialisée dans le reprint – 14 **en retrait** *ici :* un peu plus loin (im Hintergrund) – 14 **déplier (un journal)** ouvrir – 14 **Je suis Partout** journal d'extrême droite (R. Brasillach) – 16 **se pencher vers qn** s'incliner vers qn – 20 **retourner sa veste** *fam* changer radicalement d'opinion – 22 **dégoûter** anwidern

Betty, qui l'a entendu, se tourne vers lui.

BETTY *(fort)* : En tout cas, ils sont plus beaux que les Français… *(à Lucien)* Moi, j'étais amoureuse de Leslie Howard !

Lucien n'a pas l'air de connaître ce nom. Il suit la discussion avec curiosité, comme s'il était au spectacle.
Faure se tourne vers Jean-Bernard.

FAURE *(souriant)* : La bêtise a des limites, vous ne trouvez pas !

Betty se lève, furieuse.

BETTY : Qu'est-ce que vous avez dit ? Répétez ce que vous avez dit !

Tonin entre, venant de l'escalier.

TONIN *(à Betty)* : Eh ben ! Vous vous disputez encore ?

Il vient jusqu'au bar.

TONIN *(à Aubert)* : Henri, donne-moi un cognac ! Toujours les affaires ?
AUBERT : Eh, il faut bien.
TONIN *(se tournant vers Jean-Bernard et Faure)* : Il y a du boulot pour vous là-haut…

Jean-Bernard coupe la radio.

JEAN-BERNARD : Allons-y !
BETTY : Je viens aussi.

3 **Leslie Howard** acteur et metteur en scène britannique (1893-1943) – 4 **avoir l'air de qc** sembler faire qc – 12 **eh ben !** eh bien ! (Na!) – 12 **se disputer** sich streiten – 17 **le boulot** le travail – 19 **couper (la radio)** éteindre, fermer

JEAN-BERNARD : Ce n'est pas la peine, ma chérie…

Tonin avale son cognac d'une lampée.

TONIN : Si ça l'amuse…

Betty se plante devant Jean-Bernard.

BETTY *(appuyant sur les mots)* : Oui, ça m'amuse !

Elle sort la première, suivie de Jean-Bernard et de Faure. Le danois traîne un peu dans le bar, vient près de Lucien en grognant et sort à son tour. Lucien, toujours assis, bâille. On entend, venant de l'escalier, la voix de Betty, qui s'éloigne peu à peu.

BETTY *(off)* : Je m'en fiche pas mal, moi, si c'est les Anglais ou les Allemands qui gagnent la guerre !… Tout ce que je sais, c'est que je perds mon temps ici… Et ma carrière, est-ce que tu penses à ma carrière ?…

Pendant ce temps, Aubert est au téléphone, près du bar. À côté de lui, Mme Georges, un carnet à la main.

AUBERT : Allô… Reoyo ? C'est Henri… Oui… Oui.
MME GEORGES *(anxieuse)* : Mais qu'est-ce qu'il dit ?
AUBERT *(mettant la main sur l'écouteur)* : Il y a deux wagons de chaussures à la frontière espagnole…
MME GEORGES : Wagons de chaussures ? Et le bon de déblocage ?
AUBERT : Il peut l'avoir par Guy Max, contre le wolfram.
MME GEORGES : Dites-lui que c'est d'accord.

1 **ce n'est pas la peine** das lohnt sich nicht – 2 **avaler (une boisson) d'une lampée** boire d'un seul trait (mit einem Zug) – 5 **appuyer (sur les mots)** accentuer (nachdrücklich betonen) – 7 **traîner** *ici :* se promener – 16 **un carnet** petit cahier *avec des adresses, des numéros de téléphone etc.* – 18 **anxieux** inquiet – 19 **un écouteur** partie du téléphone que l'on met sur l'oreille – 21 **un bon de déblocage** *ici :* permission d'importer qc

AUBERT *(à l'appareil)* : Eh bien, c'est d'accord, Reoyo… On marche comme ça… D'accord… D'accord…

Marie, défaisant son tablier, quitte le bar et s'approche de Lucien.

MARIE : Tu veux une tisane ?

Lucien la regarde et fait non de la tête. Marie se penche vers lui.

MARIE *(à mi-voix)* : Tu vas pas dormir encore cette nuit dans le bureau de Mlle Chauvelot ?

Lucien la regarde.

MARIE : Je vais monter maintenant… Tu attends un peu… C'est la cinquième porte à droite au fond du couloir…

Lucien acquiesce. Marie sort.
Mme Georges et Aubert continuent de discuter au bar.

AUBERT : Vous avez parlé à Wiroth ?

MME GEORGES : Oui, il va me faire une ristourne sur les peaux de chamois.

AUBERT : Ça intéresse les Fritz ?

MME GEORGES : Les peaux de chamois ? Vous n'avez pas idée…

AUBERT *(admiratif)* : Madame Georges, vous êtes une sacrée femme d'affaires… Et les cuirs tannés ?

MME GEORGES *(désolée)* : Il n'a plus que des cuirs verts… À un prix très raisonnable…

AUBERT : Très raisonnable ?

5 **une tisane** une infusion, un thé d'herbes – 16 **une ristourne** une remise, un rabais (Rabatt) – 17 **le chamois** Gams – 18 **les Fritz** *pop* les Allemands – 20 **sacré** *fam ici :* verdammt gut – 21 **le cuir tanné** gegerbtes Fell – 22 **désolé** mit dem Ausdruck des Bedauerns

Lucien se lève, passe dans l'entrée et monte l'escalier, presque sur la pointe des pieds.

17.

Lucien arrive sur le palier du premier étage, plongé dans l'obscurité. Une porte est entrouverte, à l'entrée du couloir, en face de lui, qui donne sur une pièce éclairée. On entend un gémissement, une plainte, très faible. Il s'approche et jette un œil par l'entrebâillement de la porte.
Une grande salle de bains, avec lavabo double et baignoire. On y a rajouté une table, sur laquelle est posée une machine à écrire, et un canapé. Lucienne est assise sur une chaise, devant la machine à écrire. Faure marche de long en large dans la pièce. Betty est assise sur le canapé.
Jean-Bernard, en manches de chemise, tient la tête d'un prisonnier enfoncée dans l'eau de la baignoire. Le prisonnier, mains attachées dans le dos par des menottes, se remue, essayant vainement de se dégager, et éclabousse Jean-Bernard, qui fait un saut en arrière. Betty éclate de rire.

BETTY : Ton pantalon, Jean-By !

Jean-Bernard relève la tête de l'homme, en le tirant en arrière par les cheveux : c'est Peyssac, qui suffoque bruyamment, essayant de reprendre son souffle. Au moment où il y parvient, Jean-Bernard le plonge à nouveau dans la baignoire.
Lucien regarde la scène, immobile derrière la porte.

2 **sur la pointe des pieds** auf Zehenspitzen – 4 **le palier** Treppenflur – 7 **un gémissement** une lamentation (→ gémir) (Stöhnen) – 9 **une baignoire** → se baigner (Badewanne) – 10 **rajouter** → ajouter *ici :* hinstellen – 14 **en manches de chemises** *fpl* in Hemdsärmeln – 15 **enfoncé (dans)** *ici :* plongé – 16 **attaché** *ici :* lié (gefesselt) – 16 **se remuer** bouger, faire des mouvements – 17 **se dégager** se libérer – 17 **éclabousser** (be-)spritzen – 18 **le saut** → sauter (Sprung) – 18 **éclater de rire** rire à haute voix (laut auflachen) – 21 **suffoquer** avoir du mal à respirer *ici :* Erstickungsanfälle haben – 22 **parvenir à faire qc** réussir qc – 24 **immobile** sans bouger

On entend à nouveau le rire de Betty, des bruits d'eau et la voix de Faure.

FAURE *(off)* : Tu vas parler, salopard ! Il a l'air d'aimer ça, ma parole !

Lucien avance dans le couloir, les yeux fixes. Il croise le chien danois de Betty, qui a l'air de s'ennuyer et l'accompagne jusqu'à la porte de Marie. Il entre chez Marie ; une petite chambre minuscule, dont un lit étroit constitue tout le mobilier.

Marie, assise sur le lit, en train de défaire ses cheveux, se lève et lui passe les bras autour du cou. Lucien se dégage et s'assied sur le lit, lourdement.

Un temps. On entend au loin le rire de Betty. Marie, décontenancée, lui caresse les cheveux, debout devant lui.

MARIE : Tu devrais pas te mêler à ces gens-là… C'est pas des gens comme nous…

Le poussant par les épaules, elle le fait basculer en arrière sur le lit.

MARIE : D'abord, c'est les Américains qui vont gagner la guerre… Tout le monde le dit…

Elle se couche sur lui, l'embrasse.

MARIE : Tu m'entends ? *(Elle rit.)* Les Boches, ils sont foutus… C'est les Américains, je te dis…

8 **minuscule** très petit – 8 **constituer** représenter (darstellen) – 14 **décontenancé** déconcerté, irrité (→ la contenance) – 15 **se mêler à qn** *ici :* se joindre à qn (mitmachen) – 17 **faire basculer** *ici :* zum Kippen bringen – 22 **les Boches** *pop péj* les Allemands – 22 **foutu** *pop* perdu, ruiné (am Ende)

18.

Jean-Bernard et Lucien entrent dans le jardin d'une maison bourgeoise imposante, à la sortie d'un petit village. Ce jardin donne l'impression d'une oasis préservée de la guerre : parasols, transats, tables de jardin. Des enfants jouent, surveillés par deux femmes en robe d'été. Au fond du jardin, des jeunes filles jouent au badminton.

Jean-Bernard et Lucien sont habillés en maquisards. Jean-Bernard boite et se tient la cuisse, comme s'il était blessé. Lucien le soutient.

JEAN-BERNARD *(à mi-voix)* : Tu me laisses parler, j'ai l'habitude…

Ils avancent dans le jardin.

JEAN-BERNARD *(à mi-voix)* : Au fond, ça m'aurait amusé d'être comédien… *(Il sourit.)* Je crois que j'aurais été meilleur que Betty…

Le sourire de Jean-Bernard se transforme à nouveau en rictus de souffrance : un homme d'allure patricienne, en manches de chemise et chapeau de paille, s'avance vers eux.

JEAN-BERNARD : Professeur Vaugeois !
VAUGEOIS *(sec)* : Lui-même.
JEAN-BERNARD : Je suis du maquis de Lorsac… Les Boches ont attaqué… J'ai une balle dans la cuisse.

4 **une oasis** Oase – 4 **préserver de qc** protéger de qc – 5 **un transat** une chaise longue (→ transatlantique) – 8 **le maquisard** le résistant (→ le maquis) (Partisan) – 9 **une cuisse** partie supérieure de la jambe – 9 **blesser** verletzen – 10 **soutenir** tenir (stützen) – 13 **au fond** en fin de compte (im Grunde, eigentlich) – 16 **le rictus** *ici :* verzerrtes Gesicht – 17 **patricien** noble, aristocrate – 18 **la paille** Stroh

Vaugeois semble hésiter sur la conduite à tenir. Il jauge Jean-Bernard et Lucien du regard.

VAUGEOIS : Je suis en vacances... Et je n'ai rien ici pour vous soigner... *(un temps)* Enfin, entrez !

Vaugeois fait entrer Jean-Bernard et Lucien dans un grand salon, très chargé en meubles et en bibelots. On doit sentir que cette maison est habitée par la même famille depuis plusieurs générations.
Lucien regarde autour de lui avec des yeux étonnés : c'est la première fois de sa vie qu'il se trouve confronté avec l'opulence bourgeoise. Au fond du salon, un jeune homme de dix-huit ans est en train de bricoler une maquette de paquebot posée sur une table.

VAUGEOIS *(à Jean-Bernard)* : C'est mon fils. Patrick, va chercher ma trousse, des pansements, et de l'alcool.
PATRICK : Oui, papa.

Il quitte la pièce rapidement.

VAUGEOIS *(à Jean-Bernard)* : Allongez-vous.

Jean-Bernard s'allonge sur le canapé. Vaugeois défait le pansement. Jean-Bernard pousse un gémissement.

JEAN-BERNARD : C'est les camarades qui m'ont parlé de vous... Surtout le commandant Mery...
VAUGEOIS *(sourire)* : Ah bon ! Vous connaissez Mery !

1 **la conduite** le comportement (→ se conduire) (Verhalten) – 4 **soigner** guérir (→ le soin) (behandeln) – 6 **un bibelot** petit objet décoratif (Nippsache) – 10 **l'opulence** *f* la richesse – 12 **une maquette** un modèle – 15 **une trousse** un sac où se trouvent les instruments médicaux du médecin – 15 **un pansement** sert à soigner une blessure (Verbandszeug) – 18 **s'allonger** se coucher (→ long) (sich hinlegen)

JEAN-BERNARD : Très bien…

VAUGEOIS *(en confidence)* : C'est un ami… De temps en temps, il m'envoie un gars…

Vaugeois finit d'enlever le bandage, voit qu'il n'y a pas de blessure, lève la tête vers Jean-Bernard qui, nonchalamment, sort un Luger de sa poche et le pointe sur lui.

JEAN-BERNARD *(poli)* : Excusez-moi… Police allemande ! Je suis désolé !

Il se lève sans hâte et fait signe à Lucien.

JEAN-BERNARD : Tu le surveilles !…

2 **en confidence** *f* secrètement (im Vertrauen) – 5 **la blessure** → blesser (Verletzung, Wunde) – 5 **nonchalamment** sans se presser (→ la nonchalance) (lässig) – 9 **sans hâte** *f* lentement (→ se hâter)

Lucien sort lui aussi un pistolet de sa poche. Il le braque sur Vaugeois et le place mains en l'air, face au mur. Jean-Bernard se dirige vers la fenêtre, l'ouvre et tire deux coups de feu. Le fils Vaugeois revient, les bras chargés de bouteilles et de pansements, suivi par deux femmes, dont l'une est en tenue de tennis.

LA FEMME EN TENUE DE TENNIS *(affolée)* : Mais qu'est-ce que c'est, Paul ?

VAUGEOIS *(digne, les mains en l'air)* : N'aie pas peur, chérie.

Jean-Bernard revient au centre de la pièce et salue les dames. Il voit un camée sur la cheminée, le prend.

JEAN-BERNARD *(connaisseur)* : C'est ravissant…

Et il le met dans sa poche. Puis il se rapproche des deux femmes, comme si quelque chose le préoccupait.

JEAN-BERNARD : Dites-moi… Est-ce que vous êtes parentes de Philippe Vaugeois ?

La dame en tenue de tennis hoche craintivement la tête. Jean-Bernard sourit.

JEAN-BERNARD : Je l'ai connu à La Baule… Voyons… En septembre 38… C'était un excellent tennisman, Philippe…

On entend des voitures s'arrêter devant la maison. Pendant ce temps, Lucien fait le tour du salon, examinant les meubles, les bibelots, les tableaux. Il passe à côté du fils

1 **braquer un pistolet sur qn** diriger un pistolet vers qn, sur qn – 5 **une tenue** un vêtement – 7 **affolé** terrifié, très inquiet (→ fou, folle) – 11 **le camée** pierre fine sculptée (kleine Figur aus Edelstein) – 12 **ravissant** splendide, très joli (→ ravir) – 15 **être parent de qn** être de la même famille que qn (verwandt) – 17 **hocher la tête** *ici :* faire un signe d'accord (de la tête) (nicken) – 22 **faire le tour de qc** se promener

Vaugeois, pétrifié, ses pansements et ses bouteilles à la main. Il lui désigne avec son pistolet un tableau dix-neuvième représentant une dame austère.

LUCIEN : Qui c'est ?

LE FILS VAUGEOIS *(bredouillant)* : Mon arrière-grand-mère…

Lucien s'arrête devant une liseuse confortable, un meuble anglais en cuir. Il tâte le rembourrage, puis s'assied, très raide et grave, comme s'il voulait éprouver la solidité du fauteuil. Il se lève, se rassied encore, plus confortablement cette fois, allongeant les jambes. Le fils Vaugeois le regarde faire, sans bouger.
Tonin, Faure, Hippolyte (un Martiniquais) entrent dans le salon.
Jean-Bernard s'approche de Tonin.

JEAN-BERNARD *(désignant Vaugeois)* : C'est bien ce qu'on pensait ! Il travaille avec Mery !

Les deux femmes sont dans un coin de la pièce, terrorisées.

MME VAUGEOIS *(terrorisée)* : Mais fais quelque chose Paul ! Appelle le préfet !

VAUGEOIS : Ne crains rien.

Le téléphone sonne, sur une table, à côté d'elles. Mme Vaugeois veut répondre, mais Hippolyte s'interpose. Il décroche.

1 **pétrifié** immobile (→ pierre) (wie versteinert) – 3 **austère** rigide, sévère – 5 **une arrière-grand-mère** la mère de la grand-mère – 6 **la liseuse** une sorte de fauteuil (→ lire) – 7 **le rembourrage** *d'un fauteuil* Polster – 8 **éprouver** essayer (testen) – 10 **allonger (les jambes)** ausstrecken – 17 **terrorisé** effrayé (entsetzt) – 19 **le préfet** Präfekt – 22 **décrocher** prendre l'écouteur du téléphone (den Hörer abnehmen)

HIPPOLYTE *(gentiment)* : Allô ? Oui… Vous voulez parler au professeur Vaugeois… Attendez… *(Il se tourne vers Tonin.)* C'est le frère du professeur Vaugeois… Qu'est-ce que je dis, chef ?

Tonin est en train d'examiner en connaisseur des bouteilles d'alcool posées sur un plateau.

TONIN : Tu n'as qu'à dire qu'on va le fusiller…

Le Martiniquais reprend l'appareil.

HIPPOLYTE *(très gentiment)* : On va fusiller le professeur Vaugeois, monsieur… Oui… Fusiller…
TONIN : Et embrasse-le de ma part.
HIPPOLYTE : Je vous embrasse, monsieur… *(à Tonin)* Il a raccroché !

Tonin s'avance vers Vaugeois. Il tient à la main une bouteille de poire, dont il boit une longue rasade.

TONIN *(brutalement)* : Alors, qu'est-ce que vous allez nous raconter sur le commandant Mery, hein ?

Vaugeois ne répond pas. Faure s'avance vers lui, avec un sourire.

FAURE : Un homme comme vous, travailler avec les terroristes, ça me dépasse !… Le bolchevisme en France, c'est ça que vous voulez ?
VAUGEOIS *(digne)* : Je suis gaulliste, monsieur.

7 **fusiller** tuer par balles (→ le fusil) (erschießen) – 11 **de la part de qn** im Auftrag von jdm – 12 **raccrocher** remettre l'écouteur du téléphone – 14 **la poire** *ici :* eau de vie de poire (Birnenschnaps) – 14 **la rasade** le grand coup (kräftiger Schluck) – 20 **ça me dépasse** je ne peux pas comprendre cela – 22 **gaulliste** partisan de Charles de Gaulle (1890-1970), chef de la Résistance

FAURE *(haussant les épaules)* : Enfin ! Vous ne savez pas que de Gaulle est entouré de Juifs et de communistes ?... Voulez-vous que je vous cite des noms ? Schumann, vous trouvez ça français, vous ?

Tonin a un geste excédé.

TONIN *(à Faure)* : La politique, c'est pour tout à l'heure.

Il se tourne vers Vaugeois et, d'un ton faussement enfantin :

TONIN : Allez, docteur, racontez-moi des choses sur le commandant Mery. *(Il boit un coup.)* Allez, racontez, docteur !

Pendant ce temps, Jean-Bernard et Hippolyte font le tour de la pièce, fouillant les tiroirs, ouvrant les armoires vitrées. Jean-Bernard indique au Martiniquais ce qu'il faut prendre, avec des gestes de connaisseur : statuettes, jades, argenterie, qu'Hippolyte enfourne dans un grand sac.
Lucien examine la maquette de bateau. Le fils Vaugeois s'approche timidement.

LUCIEN : C'est quoi ?
LE FILS VAUGEOIS : C'est le *Wandera*... *(Il s'enhardit :)* C'est moi qui l'ai fait. J'ai mis un an...

Il caresse la maquette du doigt. On sent que c'est toute sa vie.

LE FILS VAUGEOIS *(sourire)* : Il est presque fini...
LUCIEN : C'est difficile ?

3 **citer** nommer – 5 **excédé** *ici :* agacé (→ un excès) (verärgert) – 7 **enfantin** comme un enfant – 11 **fouiller** examiner pour trouver qc *ici :* durchwühlen – 11 **vitré** avec une vitre (→ la vitre, le verre) (verglast) – 13 **le jade** objet en jade (blaugrüner Schmuckstein) – 13 **l'argenterie** *f* objet d'argent – 14 **enfourner** fourrer, mettre – 18 **s'enhardir** prendre courage (→ hardi) (sich ein Herz fassen)

LE FILS VAUGEOIS *(enthousiaste)* : Oui... Surtout les hublots...

Lucien dévisage ce garçon de son âge, qui est comme un Martien pour lui. Jean-Bernard s'est approché. Il touche la maquette, passe son doigt sur les superstructures du bateau, les mâts. Le fils Vaugeois a un mouvement, comme pour l'en empêcher, mais il se ravise.

JEAN-BERNARD *(doucement)* : Alors, tu es comme ton père, tu ne sais rien sur les maquis ?

Jean-Bernard passe son doigt sur un mât, qu'il casse d'un coup sec. Le fils Vaugeois regarde, fasciné. Lucien s'avance, enfonce son doigt par un hublot et tire lentement, arrachant un morceau du pont, avec un craquement sinistre qui provoque un rictus douloureux sur le visage du fils Vaugeois.

19.

Lucien monte les dernières marches de l'escalier à vis et frappe à la porte de Horn. On entend un piano. Horn ouvre. Lucien entre. Horn porte la même robe de chambre et un foulard noué de manière très lâche autour du cou. Il est mal rasé.

LUCIEN *(mal assuré)* : Bonjour...
HORN : Bonjour...

Horn se dirige vers le lavabo situé dans le couloir et se lave les mains très consciencieusement. Il est un peu penché, se regarde dans la glace, passe une main sur ses cheveux. Puis il

1 **un hublot** la petite fenêtre ronde d'un bateau (Bullauge) – 3 **un Martien** un habitant de la planète Mars – 4 **les superstructures** *fpl d'un bateau* Aufbauten – 5 **un mât** Mast – 6 **se raviser** changer d'avis – 11 **enfoncer** *ici :* mettre dans – 12 **sinistre** *ici :* terrible (unheimlich) – 15 **un escalier à vis** escalier en spirale (Wendeltreppe) – 18 **lâche** ≠ serré, tendu (locker, lose) – 19 **mal assuré** timide, hésitant (→ sûr)

marche vers Lucien, tout en s'essuyant les mains avec une serviette. Il sourit.

HORN : Votre costume est prêt…

Le costume est sur la grande table, près du canapé. Horn désigne à Lucien le bas du pantalon.

HORN : Je vous ai fait un pantalon-golf… C'est plus élégant pour un jeune homme…

Lucien s'assied sur le canapé, allume une cigarette, pose le paquet sur la table. Puis, toujours regardant Horn, il donne une chiquenaude au paquet qui file sur la table vers Horn. Lucien lui fait un geste signifiant : « Servez-vous ». Horn prend une cigarette sans faire bouger le paquet. Lucien lui tend un briquet. Horn le prend, mais n'arrive pas à allumer la cigarette qu'il finit par poser n'importe où.

HORN : Ça vous plaît, le pantalon-golf ?

Lucien ne répond pas. Horn semble embarrassé.

HORN : On peut faire un pantalon droit… Mais je trouve qu'il y a quelque chose de plus dans le pantalon-golf… de plus… de plus…

Lucien fume sa cigarette, imperturbable.

LUCIEN : C'est quoi, un pantalon-golf ?…

1 **s'essuyer (les mains)** sécher – 9 **donner une chiquenaude** donner un coup avec un doigt (schnipsen) – 10 **filer** *ici :* glisser – 14 **finir par faire qc** schliesslich, endlich etw tun – 14 **n'importe où** quelque part (irgendwohin) – 16 **embarrassé** irrité – 17 **le pantalon droit** *ici :* gerade geschnittene Hose – 20 **imperturbable** sans aucune réaction (unbeirrt)

Horn le dévisage, sans rien dire, avec une sorte d'étonnement. Lucien se dresse, écrase son mégot entre ses doigts, souffle dessus et le met dans sa poche.

LUCIEN *(menaçant)* : C'est quoi, un pantalon-golf ?
HORN *(désignant le bas du pantalon)* : C'est… C'est comme ça…

Il lui apporte la veste et le pantalon.

HORN : Il faudrait que nous… fassions… un essayage.

Puis il retourne au lavabo et s'essuie les mains une nouvelle fois. Pendant ce temps, Lucien se lève, nonchalamment, sort son revolver de sa poche, le pose sur la table et lui donne deux petites tapes comme à un animal. (Horn a le dos tourné, à l'arrière-plan.) Lucien enlève son pantalon, tout en sifflotant très doucement, enfile le pantalon-golf. Il regarde le bas du pantalon.
Horn revient vers Lucien.

LUCIEN : C'est ça, un pantalon-golf ?
HORN *(immobile, presque solennel)* : Oui. Eh oui…

Horn s'accroupit pour lui attacher le pantalon-golf sur les mollets.

HORN : Vous êtes de la ville ?
LUCIEN : Non. De Souleillac.
HORN : Et vous êtes un… ami de Jean-Bernard de Voisins ?
LUCIEN : Ouais.

2 **écraser** *ici :* ausdrücken – 2 **un mégot** *pop* le bout de cigarette – 4 **menaçant** → menacer (drohend) – 8 **faire un essayage** *d'un vêtement* → essayer (anprobieren) – 12 **une tape** un coup (Klaps) – 13 **siffloter** → siffler (leise vor sich hin pfeifen) – 14 **enfiler** *un vêtement* mettre – 18 **solennel** cérémonieux, grave – 19 **s'accroupir** s'asseoir sur ses talons

HORN *(hésitant)* : Vous faites… des… études ?… Vous êtes… en vacances ?

LUCIEN : Non. Je suis dans la police allemande.

Horn reçoit le coup tête baissée. Puis il se relève et lui enfile la veste et l'ajuste. Il prend une grosse paire de ciseaux sur la table et coupe les fils qui sont restés sur le costume, en particulier sous le col. Il tourne autour de Lucien, debout, immobile.

HORN *(comme s'il se parlait à lui-même)* : Vous savez… J'ai connu le père de Jean-Bernard, le comte de Voisins… Un homme charmant… Il se faisait beaucoup de soucis pour son fils.

Lucien reprend doucement le revolver, l'enfonce dans la poche intérieure de sa veste, puis le ressort.

LUCIEN : Alors comme ça vous êtes… un Juif ?…

Horn ne répond pas. Le piano, qu'on entendait jusque-là, s'est arrêté.

LUCIEN : M. Faure dit que les Juifs sont les ennemis de la France.

HORN : Non … Pas moi…

Lucien essaie maintenant de placer le revolver dans l'autre poche.

LUCIEN : Vous êtes de Paris ?

HORN : Oui… Je faisais bien mon métier… J'avais de bons clients… Des amis…

LUCIEN : Quoi ?

5 **ajuster** *un vêtement* arranger (→ juste) – 7 **un col** *d'un vêtement* partie du vêtement qui entoure le cou (Kragen) – 10 **le comte** Graf

HORN *(las)* : Rien.

Une jeune fille d'une vingtaine d'années est entrée brusquement dans la pièce, souriante. Elle voit Lucien, le regarde un instant, puis va vers le couloir, sans faire de bruit. Lucien la suit des yeux. Horn, qui a le dos tourné, n'a pas vu la jeune fille.

Elle revient dans la pièce, portant un cabas. Elle va ouvrir un tiroir pour prendre de l'argent, sans se presser, en jetant des coups d'œil curieux à Lucien. Celui-ci ne la quitte pas des yeux.
Horn, suivant le regard de Lucien, se retourne et la voit. Il paraît contrarié, et s'avance vers la jeune fille.

HORN : Qu'est-ce que tu veux ?
LA JEUNE FILLE : Je vais faire les courses.
HORN : Tu vois bien que je suis occupé.

La jeune fille s'approche de Lucien.

LA JEUNE FILLE *(à Horn)* : Tu ne me présentes pas ?

Horn hésite.

HORN *(gêné, à Lucien)* : Ma fille.
LUCIEN : Comment elle s'appelle ?
HORN : France...

Lucien lui tend la main.

LUCIEN : Lacombe Lucien...

7 **un cabas** Einkaufstasche aus Stroh – 12 **contrarié** ennuyé, fâché – 22 **tendre la main** donner la main

Ils se serrent la main et restent un instant face à face. Horn prend sa fille par le bras et l'entraîne vers la porte.

HORN *(autoritaire)* : Dépêche-toi, voyons… À tout à l'heure !

Elle sort. Horn revient vers Lucien. Celui-ci est allé se contempler devant une grande glace en pied. Il carre les épaules et boutonne lentement la veste.

LUCIEN *(sans regarder Horn)* : M. Jean-Bernard m'a chargé de vous demander l'argent que vous lui devez.

Horn ouvre un tiroir de la table, sort une liasse de billets qu'il compte avec lassitude. Il la tend à Lucien, qui l'empoche.

HORN : Vous direz à M. Jean-Bernard que son père serait très triste, s'il voyait ça… C'était un vrai gentilhomme !… *(brutalement)* Oh, et puis je m'en fous !

Lucien a boutonné tous les boutons, de sorte qu'il a du mal pour mettre son revolver dans la poche intérieure de la veste. Il reste là, debout, devant la glace, très sérieux.

20.

Lucien, vêtu de ses knickerbockers, son vieux pantalon roulé sous le bras, traverse une place de la ville, où règne une curieuse animation. D'un camion militaire descendent une dizaine de soldats allemands qui plaisantent et se bousculent.

3 **autoritaire** gebieterisch *(im Befehlston)* – 3 **à tout à l'heure** à bientôt (bis gleich) – 5 **se contempler** se regarder – 5 **la glace en pied** freistehender Spiegel mit Fuß – 6 **carrer les épaules** *fpl* die Schultern aufrichten – 6 **boutonner** fermer les boutons (→ le bouton) (zuknöpfen) – 7 **charger qn de faire qc** demander à qn de faire qc (beauftragen) – 9 **une liasse de billets** des billets liés ensemble (→ lier) (Geldbündel) – 10 **empocher qc** mettre qc dans sa poche – 12 **le gentilhomme** le seigneur, le gentleman – 13 **je m'en fous** *pop* cela m'est bien égal – 18 **roulé** zusammengerollt – 19 **régner** *ici :* exister, être – 20 **l'animation** *f* l'activité *f* (Geschäftigkeit)

Lucien s'engage dans une rue commerçante. Il croise un passant qui jette un coup d'œil sur ses pantalons. Devant une crémerie, des ménagères font la queue. Lucien remonte la file et tombe nez à nez sur la fille de Horn. Il la salue. Elle répond. Il continue, s'arrête, hésite, fait demi-tour et revient vers elle.

LUCIEN : Venez avec moi.

Il la prend par le bras et la fait passer en tête de la queue. Les ménagères, furieuses, protestent et les invectivent. Lucien essaie de faire entrer France dans la boutique, mais une femme leur barre le passage.

LA FEMME : À la queue, les gamins, comme tout le monde !

Les ménagères sont déchaînées : insultes et gros mots pleuvent. Lucien, débordé, essaie de tenir tête.

LUCIEN *(criant)* : Priorité !... Police allemande...
FRANCE *(à Lucien)* : Vous ne croyez pas que vous exagérez ?

Un policier en uniforme, grand et corpulent, survient et attrape brutalement Lucien par le bras.

LE POLICIER : Dis donc toi ! Qu'est-ce que c'est que cette histoire ?

1 **s'engager (dans une rue)** prendre la direction (einbiegen) – 1 **une rue commerçante** rue où se trouvent beaucoup de magasins (→ le commerce) – 3 **la crémerie** magasin où l'on vend du lait, du beurre, du fromage etc. – 3 **faire la queue** Schlange stehen – 5 **faire demi-tour** retourner sur ses pas (kehrtmachen) – 8 **faire passer qn en tête** *ici :* an die Spitze geleiten – 9 **invectiver qn** injurier qn (beschimpfen) – 11 **barrer le passage à qn** empêcher qn de passer (sich jdm in den Weg stellen) – 12 **un gamin** *fam* un enfant – 13 **déchaîné** très excité, furieux (→ la chaîne) – 13 **une insulte** une offense – 13 **un gros mot** un mot grossier (Schimpfwort) – 14 **être débordé** surchargé (überfordert) – 14 **tenir tête** tenir bon, résister (sich behaupten) – 15 **priorité !** *ici :* Platz gemacht! – 16 **exagérer** aller trop loin (übertreiben) – 17 **survenir** apparaître – 18 **attraper** saisir, prendre

Lucien se dégage, sort une carte de sa poche et la tend au policier qui l'examine.

LUCIEN *(l'air sournois)* : Police allemande…
LE POLICIER *(surpris)* : Vous travaillez avec M. Tonin ?
LUCIEN : Eh oui…

Le policier, mal à l'aise, lui rend sa carte.

LE POLICIER : Excusez-moi, je vous connaissais pas.

Il s'éclipse, gêné. Lucien rempoche sa carte, regarde autour de lui. Il voit France reprendre sa place à l'arrière de la queue, sans un mot.

21.

En fin de journée, Lucien monte l'escalier des Horn, une boîte de carton sous le bras. Il traverse le jardinet. Il croise une femme, une bourgeoise, qui lui jette un regard méfiant. Il se retourne, après quelques pas. La femme s'est arrêtée et l'observe.

Lucien monte l'escalier à vis. Arrivé à la porte, il s'arrête : on entend des éclats de voix de l'autre côté de la cloison. Lucien écoute.

VOIX DE FRANCE *(très énervée)* : Pourquoi tu me parles toujours de cette histoire !… J'ai oublié, moi…
VOIX DE HORN : Mais c'est toi qui viens de m'en parler… Tu ne vas pas me dire que c'était un garçon bien, tout de même… Après ce qu'il a fait…
VOIX DE FRANCE : Parlons d'autre chose… C'est tellement loin, tout ça… Paris, et le reste…

8 **s'éclipser** disparaître momentanément – 14 **méfiant** ≠ confiant (→ la méfiance) (misstrauisch) – 17 **un éclat de voix** laute, erregte Stimmen – 17 **une cloison** un mur – 22 **tout de même** pourtant

VOIX DE HORN : Ça fait juste un an, ma chérie…

Lucien sonne. La dispute s'arrête aussitôt. La mère de Horn entrebâille la porte et reste immobile, à considérer Lucien.

LUCIEN : M. Horn est là ?

Elle ne répond pas. Lucien pousse carrément la porte et entre. Horn et sa fille sont assis à la table, sur le point de dîner. Horn se lève. Il porte sa robe de chambre.

HORN : Qu'est-ce qu'il y a ? Que voulez-vous ?
LUCIEN *(avec aplomb)* : Moi ? Je viens voir votre fille.

Lucien marche vers la table et y pose soigneusement sa boîte. Horn vient se mettre à côté de sa fille, comme s'il voulait la protéger. Il reste debout.

LUCIEN : Bonsoir, mademoiselle.

France lève les yeux vers Lucien, avec un léger sourire.

FRANCE : Bonsoir.
LUCIEN *(comme chez lui)* : Asseyez-vous, monsieur Horn.

Horn s'assied à côté de sa fille. Lucien s'assied en face d'eux. Un temps. Ils s'observent.

LUCIEN : Il fait bon ici… C'est pas comme dehors…

3 **entrebâiller la porte** ouvrir un peu – 3 **considérer** regarder attentivement – 5 **pousser** *ici :* aufstoßen – 5 **carrément** décidément, sans hésiter – 6 **être sur le point de faire qc** aller faire qc – 9 **avec aplomb** dreist, frech – 10 **soigneusement** *ici :* prudemment (→ le soin) (vorsichtig) – 19 **il fait bon** *ici :* on se sent bien

La mère de Horn, venant du large couloir, à l'arrière-plan, qui fait office de cuisine, apporte une soupière. Horn sert sa fille, en disant quelques mots en allemand à la vieille dame. Celle-ci répond par une longue phrase en allemand, et va chercher une assiette et des couverts, qu'elle pose brutalement sur la table devant Lucien qui la suit des yeux avec étonnement. Elle retourne dans le couloir et s'assied à une petite table, devant une réussite.

HORN *(à Lucien)* : Vous dînez avec nous, je suppose ?

Lucien fait oui de la tête. Il se sert lui-même du potage et commence à manger, comme un paysan, le visage près de l'assiette. Horn et France le regardent à la dérobée. Lucien met

2 **faire office de qc** servir de qc – 2 **la soupière** Suppenschüssel – 5 **le couvert** Gedeck – 8 **la réussite** jeu de cartes (→ réussir) – 10 **supposer** imaginer, penser – 11 **un potage** un bouillon, une soupe claire – 13 **à la dérobée** secrètement, en cachette

du pain dans sa soupe. Il voit que les deux autres l'observent et, comme s'il se rappelait soudain la présence de la boîte qui est posée à côté de lui, il commence à l'ouvrir.

LUCIEN : Je vous ai apporté un cadeau…

Il sort du carton six bouteilles de champagne et les range en ligne au milieu de la table.

LUCIEN *(désignant l'étiquette, fièrement)* : Champagne de Lossy… M. Jean-Bernard m'a dit que c'était le meilleur… *(à France)* Vous aimez le champagne, mademoiselle ?

France regarde son père d'une manière désagréable.

FRANCE : Non. Pas ce soir.
HORN *(lugubre)* : Mais, si, tu aimes le champagne…

Lucien ouvre une bouteille sans précaution, observé par France et par Horn. Le champagne gicle. Il a un mouvement de surprise, puis il en rit. Il est le seul à en rire. Son rire s'éteint. Il verse à boire, un peu gêné, à France et à Horn. Puis il se dirige vers la vieille, bouteille à la main, et lui verse du champagne dans sa tasse à thé.

LUCIEN : Allez, mémé, à la vôtre !

Elle ne lui prête aucune attention. Elle se lève, va vider le champagne dans l'évier, puis reprend sa réussite. Lucien vient se rasseoir devant Horn et France.

12 **lugubre** triste, sombre (finster dreinschauend) – 13 **la précaution** la prudence, l'attention *f* – 14 **gicler** jaillir (spritzen) – 15 **s'éteindre** *ici :* verstummen – 19 **(la) mémé** *fam* la grand-mère – 19 **à la vôtre** à votre santé (Prosit) – 20 **prêter attention à qn** porter son attention sur qn (beachten) – 21 **un évier** où l'on lave la vaisselle (Spülbecken)

LUCIEN *(levant son verre)* : On trinque, monsieur Horn ?

Horn lève mollement son verre que Lucien choque. France ne bronche pas.

LUCIEN : Vous devriez boire un coup, mademoiselle...
FRANCE : Il est tiède, votre champagne...Et en plus, c'est une mauvaise année...

Horn se tourne vers France.

HORN : France, ce jeune homme est un client... *(à Lucien)* Excusez-moi, mais je ne me rappelle plus votre nom...
LUCIEN *(mécaniquement)* : Lacombe Lucien.
HORN : Lucien... *(rêveur)* Joli nom !

Lucien le regarde.

LUCIEN *(menaçant)* : Et vous, c'est Albert que vous vous appelez...
HORN : Eh oui... *(comme consterné)* Albert...

France les regarde tous les deux et éclate de rire. Lucien, enhardi, tend son verre en direction de France.

LUCIEN *(souriant)* : Allez, à votre santé... Chérie...

Il a dit « chérie » comme s'il prononçait un mot étranger.

FRANCE : Chérie ?

2 **mollement** ≠ durement (→ mou, mol, molle) – 2 **choquer** *ici :* anstoßen – 3 **ne pas broncher** rester absolument tranquille (nicht mit der Wimper zucken) – 5 **tiède** ni chaud ni froid (lauwarm) – 14 **consterné** stupéfait (fassungslos) – 16 **enhardi** encouragé

Elle éclate de rire à nouveau, se lève et quitte la table. Horn cherche à changer de conversation.

Horn : Vous êtes content de votre pantalon-golf ?
Lucien : Pas tellement, monsieur Horn.

Il y a comme une menace dans sa voix.

22.

Plus tard. Il fait nuit.
France et Horn sont assis l'un à côté de l'autre, sur le divan. Lucien a pris place sur un vieux fauteuil de cuir fatigué. La grand-mère a disparu.
Lucien fume. Il écrase son mégot, souffle dessus et le met dans sa poche. Il termine son verre. Il semble éméché. Il attrape une bouteille de champagne et la débouche.

Lucien *(à Horn)* : Vous connaissez Betty Beaulieu ?
Horn *(visiblement excédé)* : Pardon ?
Lucien : Betty Beaulieu, l'amie de M. Jean-Bernard. *(Il sort de sa poche la photo dédicacée.)*... Elle a joué dans *Nuit de rafle...*

Il se lève et tend la photo à Horn qui l'examine distraitement.

Horn : Non, je ne la connais pas.
Lucien *(prenant la bouteille)* : Encore du champagne, monsieur Horn ?... C'est la fête...
Horn *(excédé)* : Non, vraiment...
Lucien : Allez, Albert, ça fait pas de mal !

Il remplit le verre de Horn.
France se dresse brusquement.

9 **fatigué** *ici :* abgenutzt, mitgenommen – 12 **éméché** *fam* un peu ivre – 13 **déboucher** ouvrir une bouteille (→ le bouchon)

FRANCE : Mais qu'est-ce qu'on fête exactement ?

Horn lui prend la main.

HORN : Tu devrais aller te coucher…
LUCIEN *(menaçant)* : Je vous interdis d'aller vous coucher… Chérie…
FRANCE : Pourquoi vous m'appelez « chérie » ?
LUCIEN : Je sais pas.

Ils se regardent tous les deux et rient.

FRANCE *(insolente, à Lucien)* : Et qu'est-ce que vous faisiez, avant d'être dans la police ?
LUCIEN : Bé… j'étais… étudiant…
FRANCE : Étudiant en quoi ?

Lucien se lève, furieux.

LUCIEN *(menaçant)* : Vous savez que moi *(Il se désigne.)*, je peux tous vous faire arrêter…

Horn se penche vers France.

HORN : France, tais-toi !
FRANCE : Tu as peur de lui ?
LUCIEN : Oui. Et il a raison…

À ce moment-là, on sonne à la porte. Lucien veut aller ouvrir. Horn se lève rapidement.

HORN : J'y vais.

9 **insolent** impertinent (frech) – 15 **arrêter qn** retenir qn prisonnier (verhaften)

Lucien et France restent seuls. On entend le bruit d'une conversation dans l'escalier. Lucien regarde France, qui le regarde aussi. Il remplit son verre de champagne et le lui tend. Elle porte le verre à ses lèvres et continue de le regarder, avec une expression rêveuse et amusée. Du bout des doigts, elle lui touche le plat de la main.

FRANCE : Vous avez de drôles de mains...

Horn rentre, accompagné d'un homme, genre notable de province.

L'HOMME *(avec une ironie méprisante)* : Mais si, cher monsieur, je suis parfaitement en droit d'augmenter mon loyer... Je prends assez de risques comme ça en vous ayant sur le dos... D'ailleurs personne ne vous retient ici... La France n'est pas un hall de gare...

HORN *(avec lassitude)* : D'accord, monsieur Raverdy.

L'HOMME *(méprisant)* : Savez-vous ce qu'a dit le Maréchal ?...

Lucien hausse les épaules.

LUCIEN *(plein de mépris)* : Le Maréchal... *(à France)* M. Tonin l'appelle le vieux cul. *(Il rit.)*

FRANCE *(étonnée)* : Le vieux cul ?

L'homme foudroie Lucien du regard.

L'HOMME : Très drôle ! *(Il se tourne vers Horn, menaçant)* Monsieur est votre invité ?

6 **le plat de la main** die flache Hand – 8 **un notable** personne riche et renommée (Angehöriger der bürgerlichen Oberschicht in Frankreich) – 10 **méprisant** → le mépris (herablassend, verächtlich) – 11 **le loyer** → louer (Miete) – 12 **avoir qn sur le dos** *fam* jdn auf der Pelle haben – 20 **le cul** Arsch – 21 **foudroyer qn du regard** regarder qn plein de colère (→ la foudre) – 23 **un invité** Gast

Lucien se lève très lentement, sort son revolver et le braque sur l'homme.

LUCIEN : Police allemande.

L'homme se tourne vers Horn, l'air stupéfait.

L'HOMME : Qu'est-ce que c'est que cette histoire ?

Horn le regarde gravement, avec un geste fataliste.

HORN : Eh oui, ce jeune homme est effectivement dans la police allemande.

Lucien tend le bras gauche en direction du propriétaire et claque du doigt.

LUCIEN : Papiers !...

L'homme a un moment d'hésitation, puis il tend ses papiers à Lucien, comme un somnambule.
Lucien les examine sous tous les angles en fronçant les sourcils, les renifle, puis les jette par terre. L'homme les ramasse.

LUCIEN : Dehors !

L'homme quitte la pièce, suivi par Horn. À la porte, il se retourne.

L'HOMME *(à mi-voix)* : Vous recevez des gens de la Gestapo ! Bravo !

6 **fataliste** résigné (→ fatalité) – 10 **claquer du doigt** mit den Fingern schnipsen – 13 **un somnambule** Schlafwandler – 14 **froncer les sourcils** Augenbrauen hochziehen, die Stirn runzeln – 15 **renifler qc** etw beschnuppern – 16 **ramasser qc** prendre qc qui est tombé par terre

23.

Beaucoup plus tard. Horn est toujours sur le canapé. Lucien tourne en rond dans la pièce. Il va dans le couloir, se retourne, désignant la porte du fond.

LUCIEN : C'est là qu'elle dort, votre fille !

Horn, excédé, bâille.

HORN : Oui, C'est là...
LUCIEN *(fort)* : Alors, il faut parler doucement pour pas la réveiller.
HORN *(excédé)* : Oui.

Lucien revient vers la table et lui verse du champagne. Il s'en verse aussi et boit d'un seul trait. Il s'assied.

LUCIEN : Dites, Albert, elle est belle, votre fille.

Horn ne répond pas. Il paraît épuisé, prostré.

LUCIEN : Mais pourquoi vous vous engueulez, tous les deux ?

Horn hausse les épaules.

HORN : Nous nous entendons très bien, France et moi.
LUCIEN : Je voulais pas le dire devant elle... mais... j'ai descendu un type l'autre jour... *(Il fait semblant d'ajuster un revolver.)* Paf...

Horn ne réagit pas. Lucien se penche vers lui.

3 **tourner en rond** *ici :* se promener (im Kreis heimgehen) – 11 **d'un seul trait** mit einem Zug – 13 **prostré** abattu (niedergeschlagen) – 14 **s'engueuler** *pop* se disputer en se faisant des reproches (sich anschreien) – 17 **descendre qn** *fam* tuer qn (par balle) (abknallen) – 18 **faire semblant de** faire comme si (→ sembler) – 18 **ajuster un revolver** diriger un revolver vers qn (auf jdn richten)

LUCIEN : Vous savez, Albert… Il faut pas toujours croire M. Jean-Bernard… C'est pas vrai ces histoires d'Espagne… *(un temps)* Il veut votre argent, Albert…

HORN : Vous croyez que je ne le sais pas ?

24.

Une combe étroite et profonde est fermée par une falaise abrupte. Un grand silence règne, une torpeur.
Brusquement, on entend une rafale de mitraillette, puis une autre, puis une série de rafales et de détonations, sur des registres différents. Une vingtaine de miliciens montent à l'assaut de la falaise, à mi-hauteur de laquelle est située une grotte.
Des maquisards ont un F. M. en batterie devant la grotte. Parmi les miliciens avancent Tonin, Aubert, Hippolyte et Lucien. Celui-ci voit un lapin déboucher à quelques mètres de lui. Il le tire avec sa mitraillette et le manque. Il entend une rafale de F. M., pas loin de lui, et un hurlement.

HIPPOLYTE *(hurlant)* : Le chef… Le chef ! Ils ont blessé le chef !

Lucien se retourne. Tonin est à moitié couché. Il serre son épaule droite.

TONIN *(grimaçant)* : Nom de Dieu !… J'ai pas de chance…

Hippolyte le relève, aidé par Lucien, en le soulevant par l'aisselle gauche. Soutenant Tonin, ils descendent la pente. Ils retrouvent Aubert un peu plus bas.

7 **la torpeur** la léthargie, l'inaction – 9 **la rafale** une suite de coups de feu (Feuerstoß) – 10 **un registre** *ici :* Tonlage – 10 **monter à l'assaut** *m* **de qc** erstürmen – 13 **le F. M.** le fusil mitrailleur (leichtes Maschinengewehr) – 13 **en batterie** in Stellung – 15 **déboucher** *ici :* sortir de qc – 21 **grimaçant** *ici :* → la grimace (mit schmerzverzerrtem Gesicht) – 21 **nom de Dieu !** verdammt! – 23 **une aisselle** Achselhöhle – 23 **une pente** une côte (Abhang)

AUBERT *(affolé)* : C'est pas trop douloureux, Pierrot ?
TONIN : J'espère que c'est pas le poumon…
AUBERT : T'en fais pas, Pierrot !
TONIN : Vous avez rien à boire ?

Aubert sort un flask de sa poche et le lui tend. Tonin boit une longue gorgée. Lucien suit derrière avec sa mitraillette.

AUBERT *(à Tonin)* : Je te l'avais dit ! On aurait dû laisser faire les miliciens…
HIPPOLYTE : Courage, chef !

25.

C'est la nuit. Une traction s'arrête devant la maison où habite Horn. Lucien en sort avec une valise de petite taille dans une main, sa mitraillette dans l'autre.

LUCIEN *(d'une voix éméchée)* : Au revoir !
VOIX D'AUBERT : Bonne chance…

La traction repart. Lucien entre dans la maison.
Arrivé devant la porte de Horn, il sonne sans arrêt des coups très longs. La porte s'ouvre. Horn apparaît, en pyjama de soie.

HORN : Qu'est-ce que vous voulez ?

Lucien pointe sa mitraillette vers l'abdomen de Horn, d'une seule main et fait : « Ta ta ta ta », imitant le bruit d'une rafale. Puis il entre dans la pièce, pose sa valise sur la table, se retourne vers Horn.

1 **douloureux** ce qui fait mal (→ la douleur) – 2 **le poumon** Lunge – 3 **(ne) pas s'en faire** *fam* ne pas se faire de soucis – 5 **le flask** = le flasque petite bouteille plate – 6 **une gorgée** → la gorge (Schluck) – 20 **l'abdomen** *m* le ventre

LUCIEN : Ils ont descendu mon chef.
HORN : Quoi ?
LUCIEN *(menaçant)* : Vos amis ont blessé mon chef !
HORN : Quels amis ?
LUCIEN : Les bolcheviques... *(changeant brusquement d'idée)* Est-ce que... je pourrais voir... France ?

Horn reste immobile sans répondre. Lucien se dirige vers la chambre du fond, entre. Il regarde France qui dort, un moment. Il a toujours sa mitraillette à la main. France ouvre les yeux et le regarde. Lucien revient vers la table, ouvre la valise. Celle-ci contient des billets de banque, de l'argenterie, des objets hétéroclites, une bouteille de cognac.

LUCIEN : Vous voyez, Albert... Prise de guerre...

Il prend une montre à gousset en or, par sa chaîne, la tend à bout de bras et la glisse dans la pochette du pyjama de Horn. Horn ne bronche pas. Lucien le regarde avec du vague et une sorte de tristesse dans les yeux.

LUCIEN *(murmuré)* : France...
HORN : Vous devriez aller vous coucher...

Il referme la valise et la tend à Lucien. Celui-ci met les doigts contre sa tempe, dans un salut militaire dérisoire.

LUCIEN *(en reculant)* : France... Vive la France, Albert... Vive la France !

12 **hétéroclite** varié, divers – 13 **une prise de guerre** Kriegsbeute – 14 **une montre à gousset** Taschenuhr – 15 **à bout de bras** le bras tendu (mit ausgestrecktem Arm) – 16 **regarder qn avec du vague dans les yeux** jdn mit leerem Blick ansehen – 18 **murmuré** *ici :* mit flüsternder Stimme – 21 **dérisoire** ridicule (→ rire) – 22 **reculer** aller en arrière

Dans une rue déserte, Lucien marche pesamment, la valise dans une main, la mitraillette dans l'autre. Forte impression de solitude.

26.

C'est le soir. Lucien traverse le jardinet qui conduit chez les Horn. Il est habillé d'un nouveau complet, cette fois avec un pantalon normal. Il tient à la main un bouquet de fleurs.
La mère de Horn ouvre la porte d'entrée à Lucien. Celui-ci lui tend le bouquet de fleurs.

LUCIEN : C'est pour vous…

La mère de Horn ne réagit pas et Lucien reste embarrassé quelques secondes, avec son bouquet. Il entre dans la grande pièce. Il n'y a personne mais, à droite, par la porte entrebâillée, parvient la musique d'un piano.
Lucien se dirige vers la porte et pénètre dans l'autre pièce. France est en train de jouer du piano. Derrière elle, assis sur une chaise, Horn l'écoute, l'air recueilli, deux doigts appuyés sur sa tempe. Quand Lucien entre, il détourne légèrement la tête, mais reprend aussitôt son expression attentive. France continue de jouer. Lucien reste debout, à écouter, le bouquet de fleurs dans les mains. France joue la fin de l'adagio de la Sonate au Clair de Lune *de Beethoven. Quand elle a fini, Horn se retourne vers Lucien…*

HORN : C'est une musique triste, n'est-ce pas ?

Lucien ne sait que faire de son bouquet de fleurs.

LUCIEN : Oui.

1 **pesamment** schwerfällig (→ peser) – 17 **recueilli** calme et méditatif, concentré – 18 **détourner (la tête)** abwenden – 22 **la Sonate au Clair de Lune** Mondscheinsonate

HORN : Eh bien, il me semble que j'ai toujours marché au rythme de cette musique-là...

France lui met la main sur le bras.

FRANCE *(gentiment)* : Tu ne vas pas recommencer, papa... *(à Lucien)* Bonjour.

LUCIEN *(embarrassé)* : Bonjour...

Horn se lève pesamment.

HORN : France est une très bonne pianiste... Elle aurait dû faire le Conservatoire... *(Il soupire.)* Et puis...

FRANCE : Je t'en prie, papa !

Lucien, brusquement, tend son bouquet à Horn.

LUCIEN : Je... Je vous ai apporté des fleurs.

Horn, étonné, prend les fleurs.

LUCIEN *(grave et emprunté)* : Monsieur Horn... Je viens chercher votre fille...

HORN *(les fleurs à la main)* : Quoi ?

LUCIEN *(souriant)* : Jean Bernard et Betty partent demain matin... C'est leur soirée d'adieu... Je voudrais emmener France...

HORN : Vous êtes fou ?

LUCIEN *(menaçant)* : Pas tellement, monsieur Horn.

HORN : France est très fatiguée.

Lucien met la main sur l'épaule de France, sans quitter Horn des yeux.

9 **le Conservatoire** (national des arts et des métiers) école célèbre à Paris où l'on enseigne la musique etc. – 14 **emprunté** ≠ naturel (aufgesetzt)

LUCIEN : Si elle vient pas, c'est vous que j'emmène chez mes amis !

Un instant de silence. Lucien s'assied sur le clavier du piano. Cacophonie de notes.

LUCIEN : Et il y en a qui aiment pas beaucoup les Juifs, monsieur Horn !

France se lève, haussant les épaules.

FRANCE : J'y vais…

Horn lui prend le bras, faisant effort d'autorité.

HORN : Je t'interdis d'y aller !

France l'embrasse sur le front.

FRANCE : Voyons, papa…

LUCIEN : Et dépêchez-vous ! On va arriver en retard…

France quitte la pièce.
Horn et Lucien restent seuls. Horn tient toujours ses fleurs à la main. Il paraît effondré. Lucien s'assied de nouveau sur le clavier. Bruit cacophonique.

3 **un clavier** Klaviatur – 4 **une cacophonie** une disharmonie (Missklang) – 16 **effondré** abattu (niedergeschlagen)

27.

Au bar de l'hôtel des Grottes, tard dans la soirée, tout le monde danse. Lucien est assis seul à une table. Betty, qui dansait, revient vers la table. Elle essaye d'entraîner Lucien par le bras.

BETTY : Venez danser, Lucien !

Lucien résiste.

LUCIEN : Je sais pas.

BETTY *(déçue)* : Il faut apprendre, Lucien !

Elle retourne sur la piste, en faisant tournoyer sa jupe. Elle danse toute seule.
Jean-Bernard revient s'asseoir avec France en s'épongeant le front. France tend sa coupe à champagne à Jean-Bernard qui la sert.

FRANCE : J'ai chaud.

Elle boit son champagne d'un trait.

LUCIEN *(sec)* : Il est tard… Il faut que je vous ramène.

France le regarde, avec un demi-sourire.

FRANCE : Vous êtes bizarre, Lucien…

Aubert, titubant, vient se pencher vers France.

8 **déçu** ≠ satisfait (→ décevoir) – 9 **une piste** là où l'on danse – 9 **tournoyer** tourner en rond (→ tourner) (kreisen) – 11 **s'éponger** essuyer, sécher (→ une éponge) – 12 **une coupe à champagne** (Champagner-)Schale – 19 **tituber** aller de gauche et de droite en marchant (schwanken)

AUBERT *(distingué)* : Vous avez l'air de vous ennuyer... M'accorderez-vous cette danse ?

France, après un regard à Lucien, se lève et le suit. Ils commencent à danser. France danse très bien. Jean-Bernard et Lucien, côte à côte, les regardent.

JEAN-BERNARD *(rêve)* : Elle est belle, cette fille...

Il se tourne vers Lucien.

JEAN-BERNARD : Tu feras mes adieux au père Horn... Pour l'Espagne... *(Il rit.)* Tu lui diras que c'est moi qui pars à sa place... *(Il soupire.)* Si tu savais comme ça m'ennuie...

Lucien ne l'écoute pas. Il regarde toujours France. Aubert, tout en dansant, parle à l'oreille de France, qui l'écoute en souriant. À la table, Jean-Bernard et Lucien les regardent danser.

JEAN-BERNARD *(rêveur)* : Il y a des Juives qui sont tellement belles... Les autres femmes, à côté, ont l'air de juments... *(se tournant vers Lucien)* mais oui, mon vieux, de juments... J'avais une fiancée juive dans le temps... Très bien faite et très riche...

Betty revient s'asseoir, épuisée.

BETTY : Qu'est-ce que tu lui racontes, Jean-By ?

JEAN-BERNARD *(las)* : Rien, chérie, rien.

Lucien regarde vers la piste de danse. Aubert, maintenant, serre France contre lui et lui met une main sur les fesses. Il

1 **distingué** vornehm – 2 **m'accorderez-vous cette danse ?** formule pour engager une dame à danser (Darf ich bitten?) – 10 **ennuyer** *fam* inquiéter – 15 **une jument** la femelle du cheval (Stute) *ici : péj* « Pferd » – 17 **une fiancée** Verlobte – 17 **dans le temps** *fam* autrefois – 17 **une femme bien faite** *fam* gut gebaut – 22 **serrer contre soi** an sich drücken – 22 **les fesses** *fpl* le derrière

cherche à l'embrasser. Lucien se lève, se dirige vers France, la prend par le bras et la tire violemment. Aubert le regarde. Un moment de tension : on peut craindre une bagarre et un silence se fait dans la salle. Mais Aubert, titubant, éclate de rire et donne une tape affectueuse à Lucien. Lucien, entraînant France, traverse le bar et se dirige vers la porte de l'entrée. Il la tient par le bras et marche vite. Elle trébuche et il est obligé de la rattraper.

FRANCE : Vous m'avez cassé mon soulier !

Elle s'assied sur la première marche de l'escalier, sa chaussure à la main. L'escalier et l'entrée sont dans la pénombre. Un auxiliaire, vautré sur une chaise, sa mitraillette entre les genoux, dort à moitié. France examine la chaussure, se masse la cheville, en regardant Lucien, avec un sourire rêveur.

FRANCE : On peut vous tutoyer, Lucien ?

Lucien ne répond pas.
Le chien danois de Betty vient renifler Lucien et France d'un air mélancolique. France le caresse.

LUCIEN *(agacé)* : Vous avez trop bu... Il faut que je vous ramène...

Il se dandine d'un pied sur l'autre, l'air excédé. Elle le regarde.

FRANCE : C'est dommage que tu ne saches pas danser... *(Elle se lève.)* Je vais t'apprendre.

3 **une tension** ≠ la détente (→ tendre) (Spannung) – 3 **une bagarre** Rauferei – 5 **affectueux** tendre, doux – 7 **trébucher** faire un faux pas (stolpern) – 8 **rattraper qn** *ici :* tenir qn pour qu'il ne tombe pas (→ attraper) (auffangen) – 9 **un soulier** une chaussure – 11 **la pénombre** lumière faible, demi-jour (→ une ombre) – 12 **vautré** couché, étendu – 13 **se masser** se frotter avec les mains (→ le massage) – 14 **une cheville** Knöchel – 15 **tutoyer qn** dire « tu » en s'adressant à qn – 17 **renifler** beschnüffeln – 21 **c'est dommage** c'est regrettable, malheureux

Elle se débarrasse de sa deuxième chaussure et l'entraîne dans un pas de danse, sur la musique qui vient du bar. Lucien se laisse faire quelques instants, très raide.

FRANCE : Laisse-toi aller… Tu vois, c'est facile.

Lucien aperçoit Marie, qui surgit du bar et vient se planter devant eux. Il s'arrête de danser.

MARIE *(à mi-voix)* : Je m'en doutais…Tu m'as bien eue…

Lucien fait un pas vers elle.

MARIE *(sifflante)* : Salaud ! Espèce de salaud !

Elle veut lui donner une gifle, mais il la prend par le bras. Elle se dégage, violemment.

MARIE *(désignant France)* : Aubert m'a dit que c'est la fille d'un Juif !… Elle a pas le droit de venir ici…

Elle fait un pas vers France.

MARIE : Sale Juive !

France recule en regardant fixement Marie.

MARIE : Sale Juive !

Lucien prend Marie par le bras, pour la ramener au bar. Elle se retourne vers lui. Sa voix est de plus en plus stridente.

1 **se débarrasser de qc** enlever qc – 7 **se douter de qc** s'attendre à qc (ahnen) – 7 **avoir qn** *fam* jdn reinlegen – 9 **sifflant** *ici :* zischend – 9 **espèce** *f* **de** *(+ subst) dient zur Verstärkung von Schimpfwörtern, bleibt unübersetzt* – 13 **avoir le droit** avoir la permission

L'auxiliaire s'est redressé et quelques personnes apparaissent à l'entrée du bar, dont Jean-Bernard.

MARIE : Alors, tu couches avec une Juive !... Et tu crois que ça va se passer comme ça ! Je vais chercher les Boches... Tout de suite.

Jean-Bernard s'approche de Marie, avec un sourire. Il la prend par la taille.

JEAN-BERNARD : Calmez-vous, ma petite Marie... Ce n'est pas si grave...

Il l'entraîne vers le bar. Marie résiste et hurle, tournée vers Lucien.

MARIE : Sale Juive !... Elles ont toutes la vérole !... Tu entends ?... Elle va te foutre la vérole !

Lucien, impassible, écoute la voix de Marie qui s'éloigne.

MARIE *(off)* : Lâchez-moi !... Je veux lui parler, à cette salope... Elle a pas le droit de venir ici... Lâchez-moi, je vous dis...

Lucien se retourne, cherchant France des yeux. Elle a disparu. L'auxiliaire, toujours assis, lui désigne l'escalier avec sa mitraillette. Lucien monte l'escalier quatre à quatre.

28.

Arrivé sur le palier du premier, Lucien regarde dans le couloir. Celui-ci est vide, mais la porte de la salle de bains qui sert aux

8 **se calmer** ≠ s'énerver (→ calme) – 12 **la vérole** la syphilis – 13 **foutre** *pop ici :* mettre, donner – 14 **impassible** indifférent, calme – 15 **lâcher** cesser de tenir, laisser (→ lâche) – 15 **la salope** *vulg* Miststück, Schlampe – 19 **monter un escalier quatre à quatre** zwei Stufen auf einmal nehmen

interrogatoires est entrouverte. Lucien entre dans la pièce et voit France, agenouillée contre la baignoire, la tête penchée par-dessus le rebord, comme si elle vomissait. Son corps est secoué de sanglots. On dirait qu'elle suffoque, sa respiration est haletante. Lucien s'assied sur le rebord de la baignoire, ne sachant que faire, puis il s'agenouille à côté d'elle. Elle le regarde. Son visage est inondé de larmes. Elle s'agrippe à lui, plonge la tête dans son épaule. Elle est agitée de soubresauts. Lucien, gêné, lui caresse les cheveux.

LUCIEN *(pour dire quelque chose)* : Je comprends pas… D'habitude, elle est très gentille, Marie…

France relève la tête et le regarde intensément.

FRANCE *(comme une enfant)* : Lucien… J'en ai marre… J'en ai marre d'être juive…

France a les bras autour du cou de Lucien. Elle se serre contre lui, convulsivement, comme une naufragée. Elle lui embrasse le cou, les joues, les lèvres, avec une sorte de fureur désespérée.

29.

Aube.
France, nue, dort en chien de fusil sur le canapé. Lucien, assis par terre, à côté d'elle, la regarde et lui caresse le dos et les fesses, doucement, comme on flatte un animal. Il entend, venant de l'extérieur, des bruits de portières et le rire de Betty. Il se lève, va regarder par la fenêtre.

1 **un interrogatoire** → interroger (Verhör) – 2 **agenouillé** à genoux – 3 **vomir** sich erbrechen – 4 **un sanglot** → sangloter (Schluchzen) – 5 **haletant** → l'haleine *f* (keuchend) – 7 **inondé de larmes** *fpl* tränenüberströmt – 7 **s'agripper à qn** se serrer contre qn – 8 **agité de soubresauts** *mpl* von Krampfen geschüttelt – 10 **d'habitude** normalement – 13 **en avoir marre** *pop* en avoir assez – 16 **convulsivement** → la convulsion (krampfhaft) – 16 **un naufragé** → le naufrage – 19 **l'aube** *f* Morgendämmerung – 20 **nu** ≠ habillé – 23 **une portière** une porte *d'une voiture*

Vus par Lucien : Jean-Bernard et Betty montent dans la Delahaye. Aubert, très soûl, un verre à la main, embrasse Betty par la portière. La Delahaye démarre. Betty agite son bras, Aubert tend son verre.

BETTY : On vous enverra des cartes postales !

Lucien revient vers France, qui s'est réveillée et s'est assise, les genoux repliés sur la poitrine. Il s'assied à côté d'elle, la prend par le cou et la fait basculer contre lui. Elle le regarde.

FRANCE : Lucien… *(un temps)* Lucien… Il faudrait que mon père passe en Espagne…

Elle se blottit contre lui, comme une petite fille.

7 **replier les genoux** die Knie anziehen, anwinkeln – 8 **faire basculer** zum Kippen bringen – 11 **se blottir contre qn** se serrer contre qn

30.

Dans l'après-midi, deux tractions noires roulent à grande vitesse sur une route nationale. Au volant de l'une d'elles, Aubert conduit, tendu et crispé. Assis à ses côtés, Lucien a sa mitraillette sur les genoux. Au détour d'un virage, ils tombent sur la Delahaye de Jean-Bernard, en travers sur le côté de la route, portières ouvertes. Ils descendent et découvrent successivement, allongés sur le bas-côté, espacés de quelques mètres, Jean-Bernard et Betty. Tous deux ont été abattus à la mitraillette.
Le danois, un peu plus loin, a été blessé au ventre et halète. Lucien et les gestapistes regardent, sans un mot.

31.

Chez les Horn, l'après-midi. On entend, par intermittence, venant de la pièce contiguë, des notes de piano, des morceaux de phrases musicales interrompues. Dans le couloir, la grand-mère s'occupe devant le réchaud de cuisine. Horn, assis devant la table, recoud les boutons d'un gilet. Il est en pyjama. Lucien s'approche de Horn. Il le regarde coudre.

LUCIEN : C'est drôle que vous savez coudre, monsieur Horn…

Horn ne répond pas.

LUCIEN *(sans arrière-pensée)* : D'habitude, c'est les femmes qui cousent, non !… *(un temps)* Vous voulez pas me parler ?

4 **crispé** verkrampft – 5 **le détour d'un virage** Scheitel einer Kurve – 6 **en travers** querstehend – 8 **successivement** l'un après l'autre – 8 **le bas-côté** *d'une route* Seitenstreifen – 8 **espacé (de)** à une distance (de) (auseinander) – 9 **abattre** tuer – 11 **haleter** röcheln – 12 **un gestapiste** qui appartient à la Gestapo – 14 **par intermittence** in unregelmäßigen Abständen – 18 **recoudre (un bouton)** wieder annähen – 18 **un gilet** Weste

Pas de réponse. Lucien se dirige vers la porte de la pièce où se trouve le piano. Il voit France de dos assise au piano, qui joue quelques notes, se retourne, le regarde, l'air absent et se remet à jouer. Lucien revient dans la pièce principale. Horn s'est levé et vient fermer la porte de communication, comme s'il voulait isoler France. Puis il enfile le gilet sur son pyjama et s'inspecte dans la glace.
Lucien rouvre la porte de communication, se tourne vers Horn.

LUCIEN : Et qu'est-ce que vous diriez si je me mariais avec France ?

Horn s'immobilise. Il se tourne lentement vers Lucien et le regarde de haut en bas.

HORN *(pensif)* : C'est curieux, je n'arrive pas à vous détester tout à fait…

On frappe à la porte.
Horn va ouvrir. Le Martiniquais apparaît dans l'embrasure de la porte, suivi d'une femme endimanchée : la mère de Lucien.

HIPPOLYTE *(à Horn)* : C'est une visite pour M. Lacombe…

Horn ne semble pas comprendre.

HIPPOLYTE *(désignant Thérèse)* : C'est la maman de Lucien.

Ils entrent. Lucien s'est approché.

THÉRÈSE *(gênée)* : Lucien…
LUCIEN : Bonjour.

6 **s'inspecter** se regarder de près – 10 **s'immobiliser** s'arrêter, ne plus bouger (→ immobile) – 12 **détester** avoir en horreur (verabscheuen) – 15 **une embrasure** une ouverture de porte

Horn les regarde, étonné.

HIPPOLYTE *(à Lucien)* : Ta mère est venue te demander à l'hôtel… Je l'ai amenée ici… J'ai cru bien faire…

Un silence. Lucien regarde sa mère.

HIPPOLYTE *(se tournant vers Thérèse et Horn)* : Au revoir, messieurs-dames.

Il part en refermant la porte.

THÉRÈSE *(gênée)* : Il est gentil, ce monsieur…
HORN *(faisant un geste de la main)* : Entrez…

Il la fait asseoir sur le canapé. Il s'assied en face d'elle sur une chaise. Lucien s'assied aussi, embarrassé. Le piano a repris dans la pièce contiguë. Horn se tourne vers sa mère qui se trouve au fond de la pièce et lui dit une longue phrase en allemand. Thérèse et Lucien échangent un regard.

HORN *(à Thérèse)* : Excusez-moi de vous recevoir comme ça, madame… *(Il passe une main sur son gilet.)* Vous êtes venue de loin ?
THÉRÈSE *(timide)* : De Souleillac.
LUCIEN *(sec, à Horn)* : C'est notre village.

La vieille vient vers eux. Elle porte un plateau. Elle tend une tasse à Thérèse, puis à Horn.

HORN *(à sa mère, désignant Thérèse)* : Das ist die Mutter von Lucien…

3 **amener** conduire (mitbringen, herbringen)

La vieille a un curieux rictus et incline légèrement la tête.

THÉRÈSE *(impressionnée)* : Bonjour, madame.

La vieille retourne à la cuisine, sans un mot. Lucien allume nerveusement une cigarette. Thérèse paraît embarrassée de sa tasse de thé.

THÉRÈSE *(à Lucien)* : Je suis venue en ville avec Laborit… pour la foire…
LUCIEN : Ah bon…
THÉRÈSE *(trés grave)* : Tu pourras plus retourner au village, maintenant.

Lucien hausse les épaules.

LUCIEN *(à sa mère)* : Tu as reçu les mandats ?
THÉRÈSE : Oui.

Elle se penche et ouvre son grand sac.

THÉRÈSE : Tiens, je t'ai apporté une poule…
LUCIEN *(Il prend la poule.)* : Merci…
THÉRÈSE : Tu manges bien ?…
LUCIEN *(gêné)* : Oui.

Il ne sait pas quoi faire de la poule. Il va la porter à Mme Horn, au fond. Pendant tout ce temps, Horn les a regardés, silencieux et grave. Le piano s'est arrêté.
France entre dans la pièce. Elle marche vers le canapé. Horn se lève. Il désigne Thérèse.

1 **un rictus** *ici :* un sourire grimaçant – 1 **incliner la tête** mit dem Kopf nicken, neigen – 7 **une foire** grand marché public – 12 **un mandat** (Geld-)Überweisung

HORN : C'est la maman de Lucien...

France lui tend la main et lui fait un signe de tête.

HORN *(à Thérèse)* : Ma fille...

Lucien fume sa cigarette. France s'assied à côté de lui.

THÉRÈSE *(à Horn, aimable)* : Elle est bien jolie, votre fille...

Horn ne répond pas. Une gêne. Thérèse se lève.

THÉRÈSE *(à Lucien)* : Tu sais, j'étais venue te voir pour te remercier, pour les mandats... Mais je veux déranger personne...

HORN : Mais vous ne dérangez personne, madame.

Thérèse, ne sachant que faire, se rassied. Un silence. Elle se tourne vers Horn.

THÉRÈSE *(à Horn)* : Vous êtes pas du pays ?

HORN : Non. Nous sommes... de Paris... Mais c'est devenu très difficile de vivre à Paris...

THÉRÈSE *(sourire)* : Il y a rien à manger là-bas ? *(un temps)* Vous êtes pas Français, vous...

HORN : Comme ci comme ça... Ma fille est une vraie Française...

THÉRÈSE *(presque rassurée)* : Ah bon... Elle est contente ici ?

HORN : Demandez-lui.

THÉRÈSE : Il faudrait que Lucien lui montre le pays... *(spontanément)* Seulement il peut plus retourner au village...

Il y a quelques secondes de gêne.

8 **déranger** ennuyer, gêner (stören) – 18 **rassuré** ≠ inquiété (→ sûr) (beruhigt)

THÉRÈSE *(à Horn, très franchement)* : Ah, vous savez, Lucien, il me donne du souci…

HORN : À moi aussi, madame.

THÉRÈSE : Pourtant c'est pas un mauvais garçon… Vous êtes un ami de Lucien, vous pourriez peut-être le raisonner…

HORN : Je ne suis pas un ami de Lucien.

Pendant tout ce temps, Lucien et France restent silencieux comme deux enfants qui suivent une conversation de grandes personnes.

HORN *(après un temps)* : Ma fille aussi me donne des soucis… Beaucoup de soucis…

THÉRÈSE : C'est vrai ?

Thérèse regarde fixement Horn. Elle reste silencieuse.

HORN *(triste)* : Je me demande ce que dirait ma femme si elle était là…

THÉRÈSE : Elle est où ?

Horn ne répond pas. Un silence.

HORN : Vous ne trouvez pas, madame, que nous étions mieux avant la guerre ?

1 **franchement** sincèrement, ouvertement – 5 **raisonner qn** → la raison (jdn gut zureden)

32.

Lucien et sa mère sortent de la porte cochère de la maison des Horn. Ils font quelques pas, débouchent sur une petite place. Thérèse s'arrête.

Thérèse : Bon…

Lucien : Je vais te conduire au car.

Thérèse *(vivement)* : C'est pas la peine…C'est mieux que Laborit te voie pas…

Un temps. Thérèse hésite, puis :

Thérèse : Tu sais ce que j'ai reçu à cause de toi ?

Elle sort de sa poche un cercueil miniature et le lui tend. Lucien le prend et le tripote.

11 **un cercueil** Sarg – 12 **tripoter qc** mit etw herumspielen

LUCIEN : C'est rien... Nous, on en reçoit tous les jours...

THÉRÈSE : Ils vont te tuer, Lucien... Laborit dit qu'ils vont te tuer... Pourquoi tu quittes pas le pays ?

Lucien hésite, comme s'il réfléchissait. Puis il hausse les épaules.

LUCIEN : Je suis bien, ici... *(un temps)*

THÉRÈSE : Bon... Je vais manquer mon car...

Ils s'embrassent, gauchement. Elle a l'air pressée de s'en aller, d'un seul coup.

LUCIEN : Attends...

Il sort une liasse de billets de sa poche et la lui met dans la main. Elle regarde la liasse.

THÉRÈSE *(gênée)* : Merci.

Elle s'en va. La place est presque déserte. Lucien, immobile, la regarde s'éloigner. Elle se retourne, une fois, et lui fait un sourire.

7 **manquer** *le car etc.* verpassen – 8 **être pressé** avoir de la hâte – 14 **désert** où il n'y a personne (menschenleer)

33.

Le soir, Lucien, Horn et France sont assis autour de la table, dans la pièce principale, Lucien et France l'un à côté de l'autre, Horn en face. La mère de Horn sert un plat, puis elle va s'asseoir, comme à son habitude, au fond de la pièce, devant sa table de bridge. Lucien mange avec appétit. Horn, pensif, fume une cigarette. Il utilise un fume-cigarette. Il ne jette pas la cendre mais la dépose précautionneusement dans le cendrier.

FRANCE : Tu devrais manger, papa.

HORN *(sans élever la voix)* : On ne peut pas avoir de l'appétit quand sa fille est une putain…

Il se lève et va parler à sa mère, très sèchement, en allemand, comme s'il voulait passer sa colère sur elle. Elle lui répond avec la même violence. Lucien et France écoutent les éclats de voix de Horn et de sa mère.
Profitant d'un silence, Lucien élève la voix.

LUCIEN : C'est pas gentil ce que vous avez dit à France, monsieur Horn…

Horn marche sur lui et vient très près, comme s'il allait le frapper. Il le domine de toute sa taille. Lucien se recule dans sa chaise et le regarde avec un sourire.

LUCIEN : Moi je trouve ça très grossier, monsieur Horn, de traiter sa fille de putain… Vous mériteriez une bonne raclée…

7 **pensif** méditatif → penser (nachdenklich) – 7 **un fume-cigarette** Zigarettenspitze – 8 **précautionneusement** prudemment (→ la précaution) – 11 **élever la voix** parler plus fort – 12 **une putain** *pop* une prostituée – 14 **passer sa colère sur qn** Wut an jdm auslassen – 15 **un éclat de voix** Stimmfetzen – 21 **frapper** battre – 21 **se reculer** se retirer, aller en arrière – 23 **grossier** gemein – 23 **traiter qn de qc** *ici :* appeler, qualifier qn de qc – 24 **mériter** verdienen – 24 **une raclée** Tracht, Prügel

HORN *(le toisant)* : Je ne vous ai pas attendu, monsieur, pour apprécier ma fille… D'abord nous nous ressemblons, elle et moi. Nous sommes des êtres très fragiles…

Il se rassied, comme épuisé. France lui prend la main et s'adresse à lui comme à un enfant.

FRANCE : Papa…

Horn, tête baissée, ne répond pas. France éclate en sanglots, le front contre la table. Horn lui caresse les cheveux.

HORN : Pardonne-moi, ma chérie…

Lucien, gauchement, met une main autour de l'épaule de France. Elle se dégage.

FRANCE *(violente)* : Laisse-moi…

Lucien hausse les épaules, se lève et se dirige vers le couloir. Il traîne les pieds. Il s'arrête un instant devant la mère de Horn, assise à la table de bridge, et qui fait une réussite. Il entre dans la chambre du fond. La robe de chambre de Horn traîne sur le lit. Il se déshabille en sifflotant, met la robe de chambre, puis retourne dans le couloir. Il s'assied devant la table de bridge, face à la mère de Horn, avec l'air de s'ennuyer. Il essaye de capter le regard de la vieille, mais celle-ci ne lui prête pas la moindre attention. Elle continue de faire sa réussite. Lucien met ses mains à plat sur la table, y appuie son menton, observe par en dessous la vieille.

1 **toiser qn** regarder qn avec mépris (voller Verachtung jdn von oben bis unten mustern) – 2 **apprécier qn** *ici :* juger qn (schätzen) – 3 **fragile** délicat, sensible – 14 **traîner les pieds** mit den Füßen schlurfen – 15 **le bridge** un jeu de cartes – 20 **capter** obtenir – 22 **à plat** flach – 22 **un menton** Kinn

Pendant ce temps, au fond, Horn et sa fille poursuivent une conversation à mi-voix. On n'entend pas ce qu'ils disent, sauf à un moment où Horn, agacé, élève la voix :

HORN : L'Espagne, l'Espagne ! Ça n'existe pas, l'Espagne…
FRANCE *(autoritaire)* : Voyons, papa, sois raisonnable…

Lucien les rejoint, prend une pomme sur la table et l'astique en la frottant sur la robe de chambre.

LUCIEN *(debout, à Horn)* : Ça va mieux ?
HORN *(dérangé)* : Oui, oui…

Lucien, debout derrière France, lui a mis la main sur l'épaule. Il se penche vers Horn.

LUCIEN *(sincère)* : Vous savez, monsieur Horn, je vous aime bien…
HORN *(distrait)* : C'est vrai ?

France regarde Lucien, comme s'il les dérangeait. Elle ôte sa main de son épaule, se penche vers son père et lui parle à nouveau à voix basse.

FRANCE *(à voix très basse)* : Il ne faut pas parler comme ça, papa…

Lucien, ignoré, tape brusquement sur la table.

LUCIEN : Moi, je vais me coucher…

Il tapote l'épaule de Horn.

6 **rejoindre qn** retrouver qn, revenir chez qn – 6 **astiquer** polir, faire briller en frottant – 15 **ôter** enlever – 22 **tapoter l'épaule** *f* auf die Schulter klopfen

LUCIEN : Bonsoir, les amis…

Il s'en va, vers le couloir, laissant les autres en train de continuer leur conversation à voix basse.

34.

Le matin, à la cuisine, Lucien se verse du lait dans un grand bol, devant le réchaud. La vieille Horn est assise devant la table. Il s'approche, un sucre entre le pouce et l'index, comme entre deux pincettes, et fait tomber le sucre dans le bol de la grand-mère. Celle-ci ne réagit pas. Lucien passe dans la pièce principale, au moment où entre Horn, venant de l'extérieur. Horn enlève son chapeau. Il porte un complet impeccable et une cravate. Il est rasé. Ses cheveux sont coiffés. Lucien s'avance vers lui.

LUCIEN *(étonné)* : Vous êtes sorti ?
HORN : Oui… J'ai fait un petit tour en ville… Ça faisait longtemps que je n'avais pas mis le nez dehors… *(avec une ironie glacée)* Je reprends du poil de la bête…

Il s'assied sur le divan. Lucien le regarde.

HORN : France m'a dit que vous pouviez nous faire passer en Espagne…
LUCIEN *(étonné)* : Moi ?
HORN : Oui. *(un temps ; comme s'il n'y pensait plus)* Voyez-vous, Lucien, je voudrais vous parler d'homme à homme… Nous n'avons jamais parlé ensemble…

Lucien s'est assis pour lacer ses souliers.

5 **se verser** se mettre (sich eingießen) – 7 **un pouce** Daumen – 11 **impeccable** parfait – 16 **glacé** froid comme la glace – 17 **reprendre du poil de la bête** wieder auf die Höhe kommen – 25 **lacer** *ses chaussures* lier (schnüren)

LUCIEN : Parler de quoi ?
HORN : De France.
LUCIEN *(se levant)* : J'ai pas le temps, monsieur Horn... J'ai mon travail...

Il regarde sa montre.

35.

En fin de journée, deux tractions avant couvertes de boue s'arrêtent devant le perron de l'hôtel des Grottes. Lucien et Aubert sortent de l'une des voitures, avec deux auxiliaires. Faure sort de l'autre. À l'arrière de celle-ci, se trouve le cadavre défiguré d'un homme en civil, que les auxilaires sortent difficilement par la portière. Aubert et Lucien regardent la scène un instant.

AUBERT : Ils l'ont bien eu... *(à Lucien)* Je suis crevé... Je vais prendre une douche...

Il monte l'escalier.

36.

Lucien, dans l'entrée, aperçoit, devant le bar, un homme, de dos, assis sur l'un des tabourets. Il porte un chapeau. Derrière le comptoir se trouve Hippolyte, le Martiniquais. Lucien entre dans le bar. Hippolyte lui fait un signe en souriant.

HIPPOLYTE : Hé, Lucien ! Y a ce monsieur, là, qui voudrait te parler...

L'homme se retourne, lentement, en direction de Lucien : c'est Horn.

7 **la boue** Schlamm – 11 **défiguré** → la figure (entstellt) – 14 **ils l'ont eu** *fam* sie haben ihn erwischt, d. h. getroffen – 14 **être crevé** *fam* être très fatigué – 20 **un comptoir** Theke – 22 **y a** *fam* il y a

LUCIEN *(stupéfait)* : Qu'est-ce que vous foutez là ?

HORN : Je vous attendais. Je bavardais avec votre ami… Il est très gentil, ce garçon.

Sur le comptoir, deux verres, celui de Horn et celui d'Hippolyte.

HIPPOLYTE *(avec un clin d'œil à Horn)* : Un autre porto-flip, monsieur ?

Lucien s'avance vers Horn.

LUCIEN : Vous êtes fou ?

HORN : Je suis venu vous parler tranquillement… Ça ne peut plus durer comme ça…

Lucien le prend par le revers de son manteau et le secoue.

LUCIEN : C'est plus fort que vous ! Vous pouvez pas vous empêcher de faire le con !

Hippolyte les regarde en écarquillant les yeux.

LUCIEN : Allez ! Venez ! Je vais vous ramener chez vous !…

Il le pousse vers l'entrée, où ils se trouvent nez à nez avec Faure, qui arrive de l'extérieur.

FAURE *(à Lucien, en désignant Horn)* : C'est qui, celui-là ?

LUCIEN *(sèchement)* : C'est un ami…

Horn ôte son chapeau, comme s'il se présentait dans un salon.

6 **un porto-flip** une sorte de cocktail *avec du porto* (Portwein) – 12 **le revers d'un manteau** Aufschlag – 14 **faire le con** *pop* faire l'idiot – 15 **écarquiller (les yeux)** ouvrir largement

HORN : Albert Horn, monsieur.
FAURE *(cherchant dans ses souvenirs)* : Horn… *(un temps)* Mais… Mais c'est le Juif !

Il se tourne vers Lucien.

FAURE : Alors, comme ça, tu ramènes des Juifs au bar de l'hôtel ?
HORN *(à Faure)* : Excusez-le … Il est jeune, vous savez…
FAURE *(à Horn)* : Vous, vous allez passer dans mon bureau !

37.

Ils passent dans le bureau. Faure s'assied à la place de Lucienne. Horn se tient très droit devant lui. Il a remis son chapeau. Lucien est légèrement en retrait.

FAURE *(avec une sorte de jubilation)* : Faites-moi voir vos papiers !

Horn lui tend une carte d'identité.

FAURE *(doucereux)* : C'est qui ça… ? Jean-François Rivière, né le 30 juillet 1892 à Paris, neuvième… C'est de Voisins qui vous a refilé ça, hein !
HORN : Effectivement.

Faure déchire la carte d'identité en petits morceaux.

FAURE : Moi je veux voir une carte d'identité, avec la mention JUIF dessus.
HORN *(très calme)* : Je n'ai qu'une carte de visite, monsieur.

13 **une jubilation** joie vive – 15 **doucereux** → doux (scheinheilig, liebenswürdig) – 17 **refiler qc à qn** *pop* jdm etw andrehen – 18 **effectivement** ja, in der Tat – 19 **déchirer** mettre en morceaux (zerreißen) – 20 **une mention** → mentionner (Vermerk)

Il sort de sa poche intérieure une carte de visite qu'il dépose précautionneusement sur le bureau. Faure prend la carte de visite et commence à taper sur la machine à écrire.

FAURE *(tapant)* : Nom : HORN... Prénom : Albert. Né à ?
HORN : Szakestahervar...
FAURE : Comment ?
HORN : Oh, vous n'avez qu'à mettre... Toulouse...
FAURE *(Il tape.)* : Domicile ?
HORN : 52, rue Pierre-Ier de Serbie... Paris, huitième.

Faure continue de taper.

FAURE : Nationalité ?
HORN : Française.
FAURE *(souriant)* : On ne vous a jamais dit qu'un youpin ne pouvait pas être Français ?
HORN : Quelquefois.

Faure se recule sur sa chaise.

FAURE : Pour moi, un Juif c'est comme un rat, ni plus ni moins.
HORN *(inquiet)* : Vous croyez ?
FAURE : Oui... *(geste)* Ça pullule... *(avec un regard rêveur)* Il y en a de plus en plus...
HORN : Je peux m'en aller...
FAURE : Reste là ! J'appelle la Kommandantur ! Tu t'expliqueras avec eux...
HORN *(étonné)* : Mais pourquoi me tutoyez-vous ?

Faure a décroché le téléphone.

FAURE : Allô... Passez-moi le commandant Muller... Allô...

8 **un domicile** ville et rue où on habite – 13 **un youpin** *arg péj* un juif – 19 **pulluler** wimmeln

Visiblement, à l'autre bout du fil, on ne parle pas français. Faure essaie de dire sa phrase en allemand. Il a un accent épouvantable.
Lucien se rapproche de Horn.

LUCIEN : Monsieur Horn...

Horn le regarde.

HORN : Nous n'avons pas eu le temps de parler de France... Elle dormait quand je suis parti... *(un temps)* Ce que je voulais vous dire, Lucien...

Il ne termine pas sa phrase. Pendant ce temps, Faure a fini par avoir son interlocuteur.

FAURE *(spirituel)* : Allô... Figurez-vous, cher ami, que j'ai un Juif dans mon bureau...

38.

Lucien se dirige vers la maison des Horn. Il est nerveux et se retourne plusieurs fois : la rue est très peu animée et il a l'impression qu'un homme le suit. Dans le silence de midi, on entend un bulletin d'informations de la radio, et des bribes de musique. Il s'arrête dans une porte cochère, attend, revolver sorti.
Un homme passe devant lui, hésitant, et son regard croise le sien. Lucien se précipite vers lui, tâte son veston à l'endroit des poches. L'homme semble ahuri. Lucien le regarde, un moment, puis il hausse les épaules et le pousse de la main en disant : « Circulez », comme un flic.

1 **visiblement** apparamment (→ voir) (offensichtlich) – 1 **le fil** le téléphone (Leitung) – 3 **épouvantable** horrible (schrecklich) – 11 **un interlocuteur** Gesprächspartner – 12 **spirituel** amusant (→ l'esprit *m*) (witzig, geistreich) – 12 **se figurer** s'imaginer – 18 **une bribe de musique** Musikfetzen – 23 **ahuri** très surpris (verdutzt) – 25 **circulez** *ici :* continuez de marcher

Dans l'escalier à vis, devant la porte de l'appartement des Horn, Lucien sonne, plusieurs fois. La vieille Mme Horn ouvre la porte, voit Lucien et referme aussitôt. Lucien tape contre la porte en criant, de plus en plus fort.

LUCIEN : Ouvrez-moi ! Ouvrez-moi, nom de Dieu !

Le battant est solide. Lucien, fou de rage, sort son pistolet et s'apprête à tirer dans la serrure quand la porte s'ouvre à nouveau, comme si la vieille dame avait pu voir son geste. Lucien, décontenancé, se trouve planté devant elle, son pistolet à la main.

LUCIEN : Vieille sorcière… Où est France ?

Mme Horn, sans répondre, lui tourne le dos. Lucien entre et, traversant le couloir, va directement à la porte du fond. France est assise sur son lit. Elle regarde Lucien entrer, sans un mot. Il s'assied sur le lit, à côté d'elle, mais elle se redresse, se lève, va à la fenêtre.

LUCIEN *(à mi-voix)* : Ils l'ont emmené… Je sais pas où… C'est de sa faute… J'ai rien pu faire…

FRANCE *(très violente)* : Tais-toi !

Lucien vient près d'elle. Elle se jette sur lui, le gifle et lui donne des coups de poing. Elle est hors d'elle. Il se fâche et se met à lui taper dessus, à coups de poing, pour de vrai. France se protège avec les mains.

6 **un battant** partie mobile de la porte – 6 **la rage** la fureur, la colère – 7 **s'apprêter à faire qc** se préparer à faire qc (→ prêt) – 7 **une serrure** *d'une porte* Schloss – 9 **décontenancé** déconcerté, embarrassé (fassungslos) – 11 **une sorcière** Hexe – 21 **se fâcher** se mettre en colère – 21 **se mettre à faire qc** commencer à faire qc – 22 **taper dessus qn** frapper, battre qn (auf jdn einschlagen) – 22 **pour de vrai** vraiment

Quelque temps plus tard, la grand-mère entrouvre la porte, silencieusement. Elle voit Lucien qui est en train d'enfiler sa chemise. France, presque nue, est allongée sur le lit, le visage vers le mur. Lucien, voyant la vieille dame, s'avance vers elle et lui ferme la porte au nez.
Il s'arrête une seconde devant France. Puis il sort de sous un meuble sa vieille valise en carton bouilli, ramasse ses chemises et ses chaussettes qu'il prend dans une commode. Il a du mal à fermer la valise.
Il passe dans le couloir, sans un regard pour France, va récupérer son rasoir, son blaireau, son savon, qu'il met dans sa poche.
Il se plante devant la grand-mère et lui met une liasse de billets dans la main. Il sort.

39.

Au bar de l'hôtel des Grottes, beaucoup moins de lumière que d'habitude. Tout autour du comptoir, c'est la pénombre. Le Martiniquais se trouve derrière le bar, Aubert et Lucien assis sur les tabourets. La lumière incertaine, la salle déserte donnent une impression de désolation crépusculaire. Aubert est à moitié ivre. Il a une voix traînante.

AUBERT : Sans ma chute de vélo, j'étais bon pour le Tour de France… Même un champion comme Bartali, il me faisait pas peur…

Hippolyte écoute attentivement, comme s'il recueillait des paroles presque inaudibles. Lucien a l'air de s'ennuyer.

2 **silencieusement** sans faire de bruit (→ le silence) – 5 **fermer la porte au nez de qn** jdm die Tür vor der Nase zuschlagen – 11 **récupérer qc** retrouver qc, reprendre qc – 11 **un rasoir** Rasierer – 11 **un blaireau** Rasierpinsel – 20 **la désolation crépusculaire** plongé dans une lumière incertaine (→ le crépuscule) (dämmerig, Trostlosigkeit) – 21 **avoir une voix traînante** einen schleppenden Tonfall haben – 22 **une chute** le fait de tomber – 25 **recueillir des paroles** enregistrer, recevoir (aufnehmen) – 26 **inaudible** ce qu'on ne peut pas entendre

AUBERT : Les Italiens, c'est des fortiches à vélo, mais moi, ils m'ont jamais fait peur…

À ce moment apparaissent dans l'entrée Faure et deux SS poussant devant eux un officier français en uniforme de l'armée d'armistice. L'homme, menottes aux poignets, joue la dignité et le mépris, avec beaucoup de morgue.

L'OFFICIER *(aux Allemands)* : Je vous répète que je suis un officier français. Je combats pour mon pays ! J'exige d'être traité selon les lois de la guerre…

FAURE : Mais oui, c'est ça…

Et il le pousse vers l'escalier.

L'OFFICIER *(off)* : Vous, faites attention ! Vous aurez bientôt des comptes à rendre !

FAURE : Tu vas te taire ?

L'OFFICIER : Je suis un militaire comme vous. Traitez-moi en soldat !

Les deux Allemands le prennent sous les bras et lui font monter l'escalier. L'homme continue de protester. Pendant ce temps, Aubert poursuit sa conversation avec Hippolyte, comme si rien ne s'était passé.

AUBERT : Tu veux que je te dise les types qui m'auraient foutu le trac ?… Les Flamands !… *(un temps.)* Tu n'as jamais vu courir Sylvère Maes, toi !

Lucien écoute, distraitement.

1 **fortiche** → fort (tüchtig) – 5 **l'armée *f* d'armistice** *m* Waffenstillstandsarmee *ca. 100.000 Mann, mit der das Regime von Vichy ab 1940 die Ordnung im unbesetzten Frankreich aufrechterhalten sollte.* – 6 **la morgue** l'arrogance *f*, l'orgueil *m* – 8 **combattre** lutter (kämpfen) – 13 **rendre des comptes à qn** Rechenschaft ablegen – 21 **foutre le trac** *pop* faire peur – 23 **Sylvère Maes** coureur cycliste belge

AUBERT : Tu vois, ma chute de vélo, eh bien je suis sûr qu'ils avaient trafiqué le guidon…

HIPPOLYTE *(inquiet)* : Vous croyez vraiment ?

AUBERT : Je gagnais tout cette année-là…

HIPPOLYTE *(indigné)* : Ils étaient jaloux, monsieur Aubert…

Aubert redresse le buste. Il regarde Hippolyte avec un sourire extatique.

AUBERT : Tu peux pas savoir ce que c'est, le vélo… *(un temps)* Quand j'ai gagné le critérium, en 35, ma mère croyait que j'allais devenir célèbre.

Aubert pose son front contre ses bras croisés, comme s'il pleurait.

HIPPOLYTE *(doucement)* : Allez, monsieur Aubert !

Aubert ne bouge pas. Lucien le regarde, presque indifférent. Hippolyte prend un disque sur une étagère, derrière le comptoir.

HIPPOLYTE *(à Lucien)* : C'est sa chanson préférée…

Il met le disque sur le phono, se retourne en direction de Lucien, pose un doigt sur sa bouche. Aubert ne bouge pas. Le phono joue Fleur d'ennui *de Django Reinhardt. Lucien reste immobile. L'ambiance et la musique donnent un sentiment de désolation et de mélancolie.*

2 **trafiquer** manipulieren – 2 **un guidon** → guider (Lenker) – 5 **jaloux** → la jalousie (eifersüchtig) – 6 **un buste** partie supérieure du corps humain – 7 **extatique** verzückt – 9 **le critérium** course cycliste (Kriterium) – 14 **indifférent** sans s'y intéresser – 18 **un phono** *fam* un phonographe, un électrophone – 20 **Django Reinhardt** (1910-1953) un guitariste célèbre, compositeur et chef d'orchestre de jazz français

Venant du premier étage, on entend les cris de l'homme qu'on torture. Aubert lève la tête.

AUBERT *(à Hippolyte)* : Tu vois, j'ai trente-six ans... Eh bien, maintenant, si on me demandait de choisir entre les femmes et les vélos, je crois bien que je prendrais les vélos...

Hippolyte, pendant ce temps, remplit le verre d'Aubert, qui s'accoude mollement au zinc et boit une gorgée.
Plus tard dans la soirée. La lampe posée sur le bar est allumée. Le phono joue une autre chanson. Aubert est toujours à la même place, la tête dans ses mains. Lucien, au bar, boit. Il bâille bruyamment. Faure redescend l'escalier avec les deux Allemands et entre dans le bar.

FAURE *(à Lucien)* : Monte surveiller le type... Je suis dans le bureau avec ces messieurs...

Aubert lève la tête. Il regarde Faure avec des yeux pleins de lassitude.

AUBERT : Vous avez encore la force de travailler, vous !
FAURE *(agressif)* : Plus que jamais !

Il rejoint les Allemands dans l'entrée et passe dans le bureau. Aubert appuie son menton contre la paume de sa main, avec une expression hébétée. Lucien termine son verre et se lève.

AUBERT : Courage, mon petit gars...

2 **torturer** qualen, foltern – 7 **le zinc** le comptoir (Tresen) – 11 **bruyamment** en faisant beaucoup de bruit – 20 **la paume de la main** flache Hand – 21 **hébété** stumpfsinnig

40.

Lucien monte l'escalier. Il suit le couloir et entre dans la salle de bains où se trouve le prisonnier. Cette salle de bains ne sert pas qu'aux interrogatoires : un peignoir est accroché au mur et il y a des serviettes près du lavabo. Au-dessus du lavabo, une étagère où se trouvent verres, brosses à dents, dentifrice, du sparadrap et des pansements, du mercurochrome, et aussi des produits de beauté, rouge à lèvres, crèmes, maquillages, etc., qui ont sans doute appartenu à Betty. Le prisonnier est assis dans le coin gauche de la salle de bains, près du lavabo. On lui a retiré ses vêtements. Il est habillé d'un peignoir à rayures de couleurs vives, genre peignoir de plage. Ses mains sont fixées par des menottes à un radiateur. On voit qu'il a déjà été passé à tabac. Il porte des traces de coups sur le visage. C'est un homme d'une quarantaine d'années aux traits énergiques, certainement un militaire de carrière.
Quand Lucien entre, il le regarde avec étonnement. Lucien s'assied, pose ses mains à plat sur la table, y appuie son menton et regarde le prisonnier. Cet échange de regards se prolonge quelques instants. Lucien prend une bouteille de cognac sur la table et boit au goulot.
Le prisonnier essaie d'établir un contact.

LE PRISONNIER : Quel âge as-tu !

Lucien ne répond pas. Il se lève et tourne en rond dans la pièce.

LE PRISONNIER : Qu'est-ce que tu fais ici ?

Lucien se tourne vers lui.

4 **un peignoir** Morgenrock, Bademantel – 7 **un sparadrap** Heftpflaster – 7 **le mercurochrome** Wunddesinfektionsmittel – 8 **le maquillage** Make-up – 12 **à rayures** → le rayon (gestreift) – 13 **un radiateur** Heizkörper – 14 **passer qn à tabac** maltraiter, torturer qn (qualen, foltern) – 16 **le militaire de carrière** Berufssoldat – 21 **boire au goulot** boire à la bouteille

LUCIEN : J'aime pas qu'on me tutoie...

Il vient au lavabo et, machinalement, tripote les verres à dents, le tube dentifrice, les objets de maquillage, tandis que le prisonnier s'efforce vainement d'attirer son attention.

LE PRISONNIER : Alors, tu travailles pour les Allemands ?... Toi, un jeune Français ?... Tu n'as pas honte ?...

Il n'obtient aucun résultat et s'énerve.

LE PRISONNIER : Ne fais pas le malin !... Tu sais qu'on va te fusiller ?

Lucien joue à ouvrir et refermer un poudrier (La fermeture claque : c'est un bruit agaçant.). Il regarde le prisonnier. Celui-ci, encouragé par cette marque d'intérêt, devient aimable.

LE PRISONNIER : Tu n'as pas l'air d'un voyou !... *(Persuasif)* Écoute, je vais te donner une chance : tu m'enlèves les menottes et tu pars avec moi... Compris ?

Lucien joue maintenant avec un tube de rouge à lèvres, qu'il fait sortir et rentrer de son étui. Puis il s'empare d'un rouleau de sparadrap.
Le prisonnier s'énerve encore.

LE PRISONNIER : Mais réponds-moi, nom d'un chien ! C'est ta dernière chance...

6 **avoir honte** sich schämen – 8 **faire le malin** sich aufspielen – 10 **le poudrier** → la poudre (Puderdose) – 12 **une marque** *ici :* le signe – 13 **un voyou** Gauner, Ganove – 13 **persuasif** convaincant (in überzeugendem Ton) – 16 **un tube de rouge à lèvres** Lippenstift – 17 **un rouleau** Rolle – 20 **nom d'un chien !** *fam* verdammt noch mal!

Lucien ne le laisse pas continuer : il a coupé un morceau de sparadrap et le colle en travers de la bouche du prisonnier.

LUCIEN : J'aime pas qu'on me tutoie…

Il regarde le prisonnier, prend sur la tablette du lavabo le tube de rouge à lèvres et, tenant le prisonnier par le menton, il dessine des lèvres sur le sparadrap.
Lucien, captivé, regarde le visage du prisonnier.
On entend à ce moment des rafales de mitraillette. Lucien sort son pistolet et se précipite à la fenêtre. Deux tractions dont on a enlevé les portières sont arrêtées devant le perron. Les deux gestapistes qui gardaient l'entrée ont été abattus. Des résistants, portant brassards et mitraillettes, entrent dans la maison en courant.
Lucien se précipite dans l'escalier. Il s'arrête à mi-hauteur. Au rez-de-chaussée, quelques résistants progressent en tirant vers le bureau où se trouvent Faure et les Allemands. Lucien remonte en vitesse et se cache dans une chambre dont la porte fait face à celle de la salle de bains, restée ouverte.
Lucien ne bouge pas. Il entend les tractions s'éloigner. Il dévale l'escalier.
Dans le bar, toutes les vitres sont brisées, le sol est couvert d'éclats de verre. Derrière le comptoir, la plupart des bouteilles d'alcool sont cassées, les glaces fracassées. Un grand silence. Aubert a la tête appuyée sur ses bras croisés, comme tout à l'heure. Son dos est criblé de balles. Hippolyte a été abattu derrière le zinc et sa tête dépasse vers la gauche. Lucien reste un long moment hébété. Il entend une voix appeler.

LA VOIX : Allô… Allô… La Kommandantur… Allô…Allô… Oui. Allô… Allô… Passez-moi la Kommandantur…

2 **coller** → la colle (kleben) – 4 **une tablette** Ablage – 7 **captivé** fasciné – 12 **un brassard** → le bras (Armbinde) – 15 **progresser** avancer (→ le progrès) – 18 **faire face à qc** *ici :* être vis-à-vis de qc – 19 **dévaler** descendre rapidement – 21 **brisé** cassé – 23 **fracassé** → casser – 25 **criblé de balles** durchsiebt (→ le crible)

Lucien entre dans le bureau. Un Allemand est mort. Faure, blessé, est appuyé contre le bureau. Il serre fébrilement le combiné du téléphone.

41.

Lucien, mitraillette à la main, descend d'une voiture militaire allemande et entre dans la maison des Horn derrière un sous-officier SS.
Un groupe de civils descend la rue, encadré d'Allemands.
Le SS frappe à la porte des Horn. France ouvre.

L'Allemand *(lisant un papier)* : Mademoiselle France Horn ?
France : Oui.

La grand-mère s'est approchée.

L'Allemand *(lisant)* : Madame… Bella Horn !

2 **fébrilement** → la fièvre (fieberhaft) – 3 **le combiné du téléphone** Telefonhörer – 9 **un civil** ≠ un militaire

La vieille dame ne répond pas.
L'Allemand entre dans la pièce. Son français est excellent.
Lucien reste dans l'escalier.

L'ALLEMAND *(technique)* : Vous pouvez prendre une petite valise ou un rucksack... Seulement des effets personnels... Pas de produits alimentaires, pas de livres, pas d'argent... Dépêchez-vous...

FRANCE : Mais...

L'ALLEMAND *(aimable)* : Dépêchez-vous... Vous n'êtes pas les seules à partir. J'ai encore beaucoup de monde sur ma liste... Il y a eu un grave attentat, vous comprenez !

Pendant ce discours, Lucien entre dans la pièce, sa mitraillette à la main, mal à l'aise. France le voit et lui jette un regard froid. Plus tard. Le sous-officier est assis et fume. France aide sa grand-mère à remplir un petit sac. La vieille dame y place sa boîte de tisane, une casserole et son jeu de cartes. France tient à la main une mallette en cuir. Lucien marche de long en large. Il passe devant une petite table et s'arrête. Il voit la montre à gousset en or qu'il avait offerte à Horn. Il la prend, la regarde et la met dans sa poche. L'Allemand l'a vu. Il se lève.

L'ALLEMAND : Monsieur Lacombe, vous travaillez pour la police allemande... Il n'y a pas de voleurs dans la police allemande... Remettez-moi cet objet.

Lucien sort la montre de sa poche et la lui remet, de mauvais gré. L'Allemand sourit d'une manière agaçante.

5 **les effets** *mpl ici :* les vêtements – 6 **un produit alimentaire** Nahrungsmittel – 12 **un discours** Rede – 17 **une mallette** une petite valise – 17 **de long en large** hin und her – 24 **remettre** rendre – 25 **de mauvais gré** widerwillig

42.

L'Allemand descend l'escalier, suivi de France qui soutient sa grand-mère. Celle-ci descend difficilement. Lucien ferme la marche. La grand-mère trébuche. France la soutient. Lucien, brusquement, sans que rien n'ait pu annoncer son geste, braque sa mitraillette sur l'Allemand et tire. Dès lors, tout se passe très vite. Lucien récupère la montre dans la poche de l'Allemand. Son regard croise celui de France. Il remonte, la prend par le bras et veut l'entraîner, mais elle se dégage.

FRANCE *(montrant sa grand-mère)* : Je reste avec elle.

Lucien hésite, puis il vient prendre Mme Horn sous les bras et lui fait descendre l'escalier en la portant, sans la ménager.

43.

On retrouve Lucien, France et sa grand-mère, dans une traction avant. Lucien engage la voiture dans une rue étroite et déserte, qui débouche sur la campagne. Il roule vite. France le regarde.

FRANCE : Où va-t-on ?
LUCIEN : Je sais pas… En Espagne.

44.

La voiture est arrêtée au bord d'une petite route de campagne. Lucien est penché sur le moteur, qui fume. Il hoche la tête.

13 **ménager qn** traiter qn avec douceur (rücksichtsvoll, schonend behandeln) – 16 **engager (une voiture)** conduire, diriger dans une rue (lenken) – 17 **déboucher sur** mener à

45.

Lucien, France et la grand-mère marchent à travers bois. La grand-mère avance difficilement, soutenue par France. Lucien marche devant, portant sa mitraillette et les bagages. Il se retourne plusieurs fois, avec impatience. La vieille dame, épuisée, s'assied dans l'herbe. Lucien revient sur ses pas et, avec l'aide de France, soulève Mme Horn. Ils arrivent en vue d'une maison en ruine, au sommet d'un monticule. L'endroit paraît complètement abandonné.
Lucien, suivi de France et de la grand-mère, pénètre dans la maison. Dans la pièce principale, complètement délabrée, il y a une table bancale, quelques chaises en osier et une cheminée. Au mur, un vieux calendrier de 1933.
La grand-mère s'assied sur une chaise. Elle semble épuisée. Elle reste immobile, comme prostrée. Elle a posé son sac sur la

7 **revenir sur ses pas** revenir en arrière (kehrtmachen) – 8 **en vue de qc** in Sichtweite von etw – 9 **un monticule** une petite montagne – 10 **abandonné** inhabité – 12 **délabré** en ruine (verfallen) – 13 **bancal** wackelig – 13 **une chaise en osier** Korbstuhl

table devant elle. France s'assied elle aussi, le regard absent. Elle regarde sa grand-mère qui vérifie le contenu de son sac. Lucien sort de la maison. Il marche aux alentours, comme pour repérer les lieux. Il regarde le paysage écrasé de soleil, l'horizon, le ciel, la façade à moitié en ruine de la maison. Puis il s'approche d'une grange où il repère une réserve de bois. Il prend quelques bûches sous les bras.
Lucien rentre dans la maison, rejoint les deux femmes dans la chambre, pose le bois par terre à proximité de la cheminée. La grand-mère dit quelque chose en allemand. Elle est toujours assise devant la table et compte ses cartes. Lucien regarde France.

LUCIEN : Qu'est-ce qu'elle dit ?
FRANCE : Il lui manque une carte…

À partir de là, il n'y aura plus de suite chronologique, mais des moments, très longs, comme si l'on épiait patiemment les faits et gestes de ces trois personnages. Ils ne parleront pas, ou très peu. Dans cette campagne écrasée de soleil, sans aucune présence humaine, on aura l'impression d'être hors du temps, de l'histoire (plus aucune allusion à la guerre), dans une sorte d'éternité où les activités les plus essentielles de la vie se répètent de manière monotone. Ce final, serein, mélancolique, sera comme un point d'orgue, une note prolongée.

2 **vérifier** contrôler – 3 **les alentours** *mpl* les environs (Umgebung) – 4 **repérer** découvrir (erkunden) – 7 **une bûche** un morceau de bois – 9 **à proximité de qc** près de qc – 14 **manquer** faire défaut à, ne pas être là – 15 **à partir de** désormais (von da an) – 16 **épier** observer attentivement – 19 **hors de qc** außerhalb von etw – 20 **une allusion** Anspielung – 21 **une éternité** → éternel (Ewigkeit) – 22 **serein** gai (heiter) – 23 **un point d'orgue** Fermate, verlängerte Note

46.

Lucien, seul, dans la nature. C'est le matin. Il pose un collet. Puis il marche et vient se coucher à un poste d'observation. Il a une sorte de vieux sac, où il met le gibier. Il attend. Il regarde dans son sac, sort un lapin mort, observe la nature autour de lui.

Lucien marche vers la maison avec son vieux sac.

Il entre. La grand-mère est assise à la table et fait une réussite. France ranime le feu pour préparer la cuisine. Une vieille marmite est posée à proximité de la cheminée. Lucien vide brutalement son sac : trois ou quatre lapins morts tombent sur la table. France, qui s'est retournée, le regarde, horrifiée. La grand-mère cesse de faire sa réussite et regarde elle aussi les lapins, avec de grands yeux fixes.

Un déjeuner. France et la grand-mère sont assises l'une à côté de l'autre. Lucien en face d'elles. Ils mangent avec les mains. À l'aide d'un canif, Lucien découpe le gibier, prend les morceaux et les tend à France et à la grand-mère. Ils n'ont pas d'assiettes et mangent à même la table. Au milieu de celle-ci, une sorte de récipient où se trouve l'eau. Ils le prennent tour à tour et boivent.

2 **un collet** sert à prendre certains animaux – 4 **le gibier** Wild – 9 **ranimer** *ici :* rallumer (wieder anfachen) – 10 **une marmite** Kochtopf – 12 **horrifié** → l'horreur *f* (entsetzt) – 13 **cesser de faire qc** arrêter de faire qc – 17 **un canif** petit couteau de poche – 19 **à même (la table)** directement (sur la table) – 20 **un récipient** Gefäß – 20 **tour à tour** l'un après l'autre

47.

Lucien et France dans la nature. Il inspecte les collets qu'il a posés. Ils marchent côte à côte. À un moment, Lucien tire avec une fronde et abat un oiseau. Il prend le petit cadavre dans ses mains et s'approche de France comme s'il voulait le glisser dans son corsage. Elle pousse un cri et court. Lucien la rattrape. Ils se regardent. Elle s'assied au pied d'un arbre et regarde toujours Lucien. Elle est essoufflée. Elle s'allonge de tout son long au pied de l'arbre. Elle met ses deux mains derrière la tête. Lucien est debout à deux ou trois mètres. Elle regarde Lucien, les yeux légèrement plissés à cause du soleil. Il vient à côté d'elle. Elle tend le bras et le touche timidement.

48.

France et Lucien retournent à la maison. La vieille est debout, devant l'entrée. On la voit de loin. Elle les guette.

49.

Lucien dans la nature, un après-midi de plein soleil. Il se cache sur la branche d'un arbre, et observe France à une trentaine de mètres.

FRANCE : Lucien !

France s'arrête et regarde autour d'elle.

FRANCE : Lucien ! Lucien !

Elle a l'air de plus en plus affolée. De temps en temps, elle s'arrête de marcher, découragée. Puis reprend sa marche, en appelant Lucien. Celui-ci l'observe avec une sorte d'indifférence, sans bouger de l'arbre.

8 **essoufflé** à bout de souffle (→ le souffle) (außer Atem) – 11 **plisser les yeux** die Augen zusammenkneifen – 15 **guetter qn** épier, observer qn attentivement

50.

Veillée dans la grande pièce, devant le feu. La grand-mère fait sa réussite. France, assise à la table, lit le recueil de poèmes de Horn. Lucien, assis près de la cheminée, inventorie la petite mallette de Horn. Il en sort une liasse de billets de banque, puis une photo. Il regarde la photo : elle est dédicacée. Il se lève, tend la photo à France.

LUCIEN : C'est qui ?
FRANCE *(jetant un œil sur la photo)* : Sacha Guitry.

France a repris sa lecture. Lucien se rassied à sa place. Il sort du sac d'autres liasses de billets de banque. Il s'amuse à étaler les billets, les uns à côté des autres, par terre. France se lève.

FRANCE : Bonsoir.
LA VIEILLE *(sans lever les yeux de ses cartes)* : Gute Nacht.

France quitte la pièce.

Lucien reste un moment près du feu. Puis il se lève et monte l'escalier à son tour. La vieille le suit des yeux. France l'attend au sommet de l'escalier, en souriant. Elle disparaît brusquement dans le grenier.
Une poursuite étrange commence dans l'obscurité, une sorte de partie de cache-cache où ils rampent et marchent à tâtons. Ils sont pris d'une crise de fou rire. En bas, la vieille les entend et lève la tête.

2 **une veillée** abendliches Beisammensein – 3 **un recueil** *de poèmes etc.* un volume, un ouvrage (Sammlung) – 4 **inventorier** Bestandsaufnahme machen – 9 **Sacha Guitry** (1885-1957) acteur, auteur de comédies et de films (1885-1957) – 11 **étaler** étendre (ausbreiten) – 17 **à son tour** lui aussi – 19 **un grenier** → le grain (Speicher) – 20 **une poursuite** → poursuivre (Verfolgungsjagd) – 21 **la partie de cache-cache** → se cacher (Versteckspiel) – 21 **ramper à tâtons** → tâter (tappend kriechen)

51.

Avant l'aube, Lucien rôde autour d'une ferme. Il se rapproche du bâtiment, y entre. Il tient à la main son vieux sac. La pièce est dans une demi-pénombre. Des jambons pendent au mur. Il remplit son sac, rapidement. Il quitte la ferme en courant. Un chien aboie.

52.

Lucien dort. France, une grosse pierre à la main, s'avance sur la pointe des pieds. Elle reste immobile devant lui. On a l'impression qu'elle va laisser tomber la pierre sur son visage, mais elle la garde dans la main, en suspens.

53.

France lit, allongée dans l'herbe. Assise devant la table, la grand-mère fait sa réussite. À côté d'elle, Lucien, à l'écart, nettoie sa mitraillette, dont il pose au fur et à mesure les pièces détachées sur la table.

54.

France et Lucien courent dans la nature. Ils sont essoufflés. Ils rient.

55.

France, nue, se lave dans une rivière. Il fait un soleil éclatant. Lucien, couché sur le dos, un peu plus loin, la regarde en mâchant un brin d'herbe, puis il ferme les yeux. France le regarde à son tour, fixement, en tendant le cou.

2 **rôder autour** herumstreichen – 6 **aboyer** bellen – 11 **en suspens** irrésolu, indécis – 14 **à l'écart** *m* à distance (abseits) – 16 **les pièces détachées** zerlegte Einzelteile – 21 **un soleil éclatant** strahlend hell – 23 **mâcher** kauen – 23 **un brin d'herbe** Grashalm – 24 **tendre le cou** Hals recken

Un carton apparaît en surimpression du visage de Lucien. « Lucien Lacombe fut arrêté le 12 octobre 1944. Jugé par un tribunal militaire de la Résistance, il fut condamné à mort et exécuté. »

1 **un carton** *ici :* Schrifttafel, Plakat – 1 **en surimpression** *ici :* darüber eingeblendet

Textes complémentaires

Lacombe Lucien – une idée et sa réalisation

Louis Malle s'explique sur les raisons qui l'ont amené à traiter un tel sujet

Ce film est, en fait, le résultat d'un très long cheminement et de diverses expériences qui m'ont beaucoup marqué. À la fin de la guerre d'Algérie, j'étais parti dans le djebel pour faire des repérages. J'y avais rencontré un officier tout à fait charmant qui était officier de renseignement et dont le rôle était par conséquent de torturer. Je me suis alors demandé comment un Français du contingent pouvait être amené à faire des choses qui, vues de l'extérieur, pouvaient paraître monstrueuses. Quelques années plus tard, en 1971, je me suis rendu au Mexique pour tourner un film qui procédait de la même curiosité. Il y avait à cette époque au Mexique une espèce de police parallèle chargée de la répression contre les étudiants. Ces types étaient recrutés dans les bidonvilles et éprouvaient un plaisir très évident à casser la figure des étudiants. Je voulais donc raconter l'histoire de ces garçons, malheureusement je n'ai pas pu le faire pour diverses raisons. Mais ce thème me trottait toujours dans la tête. J'ai eu alors l'idée de transposer le sujet dans la France de 1944 et dans une région, le Sud-Ouest, où la Résistance était particulièrement active et la répression de la Gestapo très dure. Nous avons donc imaginé, Patrick Modiano et moi-même, de raconter l'histoire

4 **un cheminement** *ici :* une évolution – 6 **la guerre d'Algérie** (1954-1962) aboutit à l'indépendance de l'ancienne colonie française – 6 **le djebel** montagne en Afrique du Nord, mot arabe – 6 **faire des repérages** *ici :* être à la recherche de décors naturels pour un film – 8 **un officier de renseignement** officier chargé de trouver des informations sur l'ennemi – 10 **le contingent** ensemble des jeunes gens qui font leur service militaire – 13 **procéder de qc** provenir, tirer son origine de qc – 14 **la police parallèle** Geheimpolizei – 15 **recruter qn** engager qn – 16 **un bidonville** Slum – 16 **casser la figure à qn** *fam* jdn zusammenschlagen – 19 **trotter dans la tête** *ici :* rester dans la mémoire – 20 **transposer** übertragen, umsetzen

d'un jeune paysan de dix-sept ans qui se trouve embarqué dans la Gestapo.

Propos recueillis par Jean-Jacques Olivier
(*Le Figaro* 26-1-1974)

Questions :

1. *Quelles expériences personnelles de L. Malle ont été à l'origine de son film ?*
2. *Relevez les parallèles entre ces expériences et le scénario de* Lacombe Lucien.
3. *Imaginez les raisons pour lesquelles L. Malle a transposé le sujet de son film dans la France de 1944.*

Louis Malle sur le tournage du film

C'était un scénario difficile et, sans Patrick Modiano, je ne m'en serais pas sorti. Il est venu avec son monde à lui, son instinct des situations troubles, un regard exercé sur les zones d'ombre de l'Occupation. Avec lui, les personnages ont pris corps, et le récit une épaisseur et une sinuosité qu'il n'avait pas.

Pour incarner Lucien, il ne pouvait être question d'un acteur. Après trois mois de recherches et d'essais, je trouvais Pierre Blaise, un jeune paysan de la région qui n'avait jamais vu un film de sa vie. Il avait dix-sept ans. Je lui ai fait confiance immédiatement. Il savait, de l'intérieur, plus de choses sur le personnage que Patrick ou moi. Je le consultais sans cesse pendant le tournage. En jouant le rôle, il m'apprenait comment il devait le jouer. Quand il n'était pas juste, c'est que quelque chose n'allait pas dans le dialogue ou dans la situation. Toutes ses réactions me surprenaient.

1 **embarqué** engagé – 16 **s'en sortir** réussir (damit fertig werden, zu Rande kommen) – 17 **trouble** ≠ clair (undurchschaubar) – 18 **prendre corps** Gestalt annehmen – 18 **un récit** une histoire – 19 **une épaisseur** *ici :* Dichte, Tiefe – 19 **une sinuosité** *ici :* une complexité – 20 **incarner** interpréter, jouer – 22 **jamais de sa vie** jamais au cours de sa vie

Il était violent, rusé, intègre. J'admirais son intimité physique avec la nature. Je l'aimais énormément et je le respectais.

Avec ce film, je me suis rendu compte que j'atteignais dans mon travail une maturité. J'étais attentif, clairvoyant, et je ne laissais rien passer, ou presque rien. La plupart des interprètes étaient soit des non-professionnels, soit des acteurs peu familiers avec la caméra. Il fallait les rassurer, les conduire, ajuster sans cesse, gommer les effets. Une grande partie des scènes ont été tournées caméra à la main pour permettre de petits rattrapages en cours de plan et libérer ces néophytes de l'obsession d'être à leur place exacte. Mais ça ne se voit pas, pas plus que l'utilisation de « grands angles » pour l'hôtel de la Gestapo. Je voulais créer une impression de vide, perdre les personnages dans ce décor funèbre. Mais sans effets, sans distorsion, sans le baroque un peu facile qu'on obtient avec ces objectifs.

Tout le film est en son direct, il n'y a pas une ligne de dialogue refaite au doublage, ce qui est rarissime. La reconstitution de l'époque venait naturellement, dans ce Lot qui ne change pas, où les « tractions avant » sont encore en circulation. Un travail collectif, avec l'aide d'une équipe remarquable, une homogénéité que je poussais loin : la musique, par exemple, était intégrée dans le récit, et j'utilisais beaucoup les enregistrements de Django Reinhardt faits sous l'Occupation, qui en évoquent si bien l'atmosphère lugubre, glauque.

Louis Malle par Louis Malle. Avec le concours de Jacques Mallecot. Paris : Éditions de l'Athanor, 1979, pp. 47-49

1 **rusé** malin (schlau) – 1 **intègre** honnête, sincère – 1 **l'intimité** *f* Verbundenheit – 4 **la maturité** → mûr (Reife) – 5 **un interprète** un acteur – 7 **ajuster** *ici :* corriger (→ juste) – 8 **gommer** effacer (beseitigen) – 9 **le rattrapage** Nachstellen der Kamera – 10 **un plan** *ici :* Filmaufnahme – 10 **un néophyte** celui qui est nouveau – 10 **une obsession** une idée fixe – 12 **le grand angle** Weitwinkel – 13 **perdre** faire mourir – 14 **funèbre** qui rappelle la mort – 14 **une distorsion** Verzerrung – 17 **le doublage** Synchronisation – 17 **rarissime** extrêmement rare – 18 **le Lot** département du Sud-Ouest – 19 **la traction avant** alte, schwarze Limousine mit Vorderradantrieb – 20 **une homogénéité** une unité – 22 **un enregistrement** Aufnahme – 24 **lugubre** sinistre, triste – 24 **glauque** verdâtre (blaugrün)

Questions :

1. *Quel est, d'après Louis Malle, l'apport de Patrick Modiano au scénario de* Lacombe Lucien *?*
2. *Comment L. Malle a-t-il choisi l'acteur du rôle de Lucien ?*
3. *Pourquoi a-t-il fait un bon choix ?*
4. *Parlez des difficultés et des réussites pendant le tournage du film.*
5. *Montrez le naturel du décor, du son, de la musique.*

Analyse du personnage principal

Louis Malle se prononce sur son personnage principal

a) Je suis resté avec mon jeune paysan de dix-sept ans, qui, lui, choisit le mauvais côté au mauvais moment. Il me fascinait parce qu'il était un étranger pour moi. Le petit comptable du commando en Algérie, je pouvais essayer de discuter avec lui. Mais le personnage de Lucien, sans éducation, sans passé, donc sans possibilité réelle d'évaluer la situation, il était remué par des forces sourdes, son désir de revanche, le lucre, le goût de la violence, le hasard surtout. Il était plus opaque, plus impénétrable qu'aucun autre personnage de mes films précédents. Je savais au départ que je ne pourrais jamais m'identifier avec lui. Je le voyais à l'image des paysages du Causse du Lot, où je voulais situer l'action : une dureté sauvage, archaïque : la sécheresse interrompue par de violents orages : une tension, une beauté hostile, qui émeuvent et qui effrayent en même temps.

Louis Malle par Louis Malle : avec le concours de Jacques Mallecot. Paris : Éditions de l'Athanor, 1979, p. 47

13 **un comptable** Buchhalter – 13 **le commando en Algérie** voir « Louis Malle s'explique sur les raisons qui l'ont amené à traiter un tel sujet » – 16 **évaluer** juger (→ la valeur) – 16 **être remué par qc** être poussé par qc – 17 **sourd** dumpf ; *ici :* geheim – 17 **le lucre** le goût du profit – 18 **opaque** ≠ transparent – 18 **impénétrable** undurchschaubar – 19 **précédent** ≠ suivant – 21 **le Causse** plateau sec et pierreux dans le sud-ouest de la France – 22 **archaïque** urtümlich – 23 **la tension** Spannung

Questions :
1. Pourquoi Lucien reste-t-il un « étranger » pour L. Malle ?
2. Quels sont les rapports entre le personnage principal et le paysage où L. Malle a tourné son film ?

b)
– Pour vous, ce personnage est-il un criminel, ou bien a-t-il des excuses ?
– Le thème du film est, en fait, un regard sur un salaud au sens sartrien du terme. Pour bon nombre de gens, qu'ils soient de gauche ou de droite, il est intellectuellement très facile de dire que les gens qui sont dans l'autre camp sont des ordures. Pour beaucoup, un garçon qui rentre dans la Gestapo en 1944 est un salaud. Il faudrait même, pour la mythologie, qu'il ait un pied bot, qu'il louche, que ce soit, en fait, un monstre que l'on extermine, sans avoir à essayer de comprendre pourquoi de telles choses ont pu se produire. Notre entreprise était donc très difficile. Un double danger nous guettait : soit aboutir à un rejet complet du personnage, soit en faire quelqu'un de sympathique, ce qui aurait totalement annulé notre propos.

On a beaucoup insisté sur le fait que Lucien Lacombe entretient des rapports difficiles avec la société, avec son entourage, avec sa famille, que c'est un garçon humilié, qui a des problèmes et qui, dans d'autres circonstances, aurait pu être un personnage asocial. Mais il aurait été inversement trop simple de penser que c'est un malheureux irresponsable embarqué dans une aventure qui le dépasse.

Je ne plaide absolument pas pour l'irresponsabilité. Je pense, au contraire, que si Lucien n'a pas les moyens intellectuels de la réflexion, c'est quelqu'un qui, à son niveau, est tout à fait satisfait

8 **le salaud** personne moralement corrompue. D'après Sartre, un homme de mauvaise foi qui refuse d'être libre et responsable – 9 **sartrien** de (Jean-Paul) Sartre (1905-1980) – 9 **un terme** une notion, un mot (Begriff) – 11 **une ordure** *péj* Schweinehund – 13 **un pied bot** Klumpfuß – 14 **loucher** schielen – 15 **exterminer** tuer – 17 **guetter** *ici :* attendre – 17 **aboutir à** arriver à, avoir pour résultat – 17 **un rejet** un refus – 19 **un propos** une intention – 26 **dépasser** *ici :* überfordern – 27 **plaider pour qn** défendre qn

de sa position. Grâce à un revolver et à une carte de police, il a une impression de puissance.

L'engagement de Louis Malle. Propos recueillis par Jean-Jacques Olivier. Le Figaro 26-1-1974.
Avec l'aimable autorisation du journal Le Figaro. © Le Figaro 1988.

Questions :
1. *Quelles positions extrêmes L. Malle a-t-il voulu éviter en faisant le portrait du gestapiste Lucien ?*
2. *Est-ce que Louis Malle prend Lucien pour un irresponsable ? Résumez ses arguments.*

Servitudes et misères d'un salaud

Lacombe Lucien est un portrait complété par une biographie. Portrait précis. Biographie minutieuse. Plus qu'une fiche signalétique, c'est un dossier. L'identité s'y décline comme dans un interrogatoire, le prénom en dernier, le patronyme compte d'abord [...] Lacombe Lucien est toujours en position d'interpellé. C'est qu'il est soumis aux choses : il est paysan, et les paysans savent, par expérience, qu'il faut savoir ruser avec la nature et que la soumission est la meilleure des ruses. Il est soumis aux gens : il est pauvre, fils de domestique, domestique lui-même [...] Lacombe Lucien est manouvrier, c'est-à-dire homme de main, pour le meilleur et pour le pire. Il obéit. Il exécute, dans le plein sens du verbe. Il n'est pas de ceux qui dominent les événements [...] Son existence et ses péripéties sont le fruit du hasard. C'est par hasard qu'il se trouve du mauvais côté de la barrière. Pas par conviction. D'opinions, il n'en a pas. Encore

14 **une fiche signalétique** Personenbeschreibung – 15 **se décliner** *ici :* être indiqué – 16 **un interrogatoire** questions posées par un juge ou un policier – 16 **un patronyme** un nom de famille – 17 **un interpellé** celui qui est interrogé – 19 **ruser** Tricks anwenden – 22 **un homme de main** Handlanger – 25 **une péripétie** überraschende Wendung – 26 **du mauvais côté de la barrière** auf der falschen Seite

moins d'idées. Non, c'est l'enchaînement des faits et gestes qui choisit pour lui.

Son drame – et sa mort – vient de la tentative « héroïque » qu'il fait pour devenir enfin son maître. Devenir un homme fort. Et de la seule force qu'on lui ait appris à connaître et à respecter, la force brutale, celle des poings et des armes, la force qui tue. C'est à elle que cet éternel interpellé demande sa revanche de paysan sur la ville, de pauvre sur les riches, d'humilié sur les orgueilleux. Sa malchance – sa fatalité est-on tenté de dire en recourant à un vocabulaire tragique, car il y a de la tragédie dans la destinée d'un Lacombe Lucien –, c'est que cette force brutale, grâce à quoi il commence d'exister comme une personne à ses propres yeux et aux yeux des autres – Lucien Lacombe –, il l'a conquise en s'engageant dans le camp que l'histoire allait condamner. Comme sa malchance, sa fatalité, veut qu'il trouve l'amour dans les bras d'une petite juive.

Jean-Louis Bory : *Servitudes et misères d'un salaud.* Le Nouvel Observateur 28-1-1974

Questions :

1. Comment J.-L. Bory caractérise-t-il le personnage de Lucien ?
2. Expliquez pourquoi l'auteur parle d'une fatalité dans l'existence de celui-ci.
3. Lucien, d'après vous, est-il condamnable ? Justifiez votre réponse par des exemples.

Lacombe Lucien, un adolescent dans la Gestapo

Le problème qui se pose tout au long du récit est évidemment celui de la responsabilité de Lucien. Victime des circonstances, le garçon l'est à coup sûr. Repoussé par la Résistance, happé par la milice, sa vie s'est jouée sur une erreur d'aiguillage. L'excuse

1 **un enchaînement** Verkettung – 9 **recourir à qc** se servir de qc – 15 **la fatalité** la destinée (tragisches Geschick, Schicksal) – 28 **happer** schnappen – 29 **un aiguillage** Weichenstellung

est cependant insuffisante, puisque Lucien accepte sa condition de milicien et qu'il en profite pour assouvir une vanité enfantine et une dérisoire volonté de puissance. Cela admis, il faut alors se demander pourquoi cet être, qui n'est pas foncièrement asocial, traîne derrière lui d'obscures complexes et un dangereux désir de revanche…

Il est clair que Louis Malle se refuse à juger son personnage. Pour lui, il n'est ni blanc ni noir, ou plutôt il est à la fois blanc et noir, irresponsable et coupable, une petite brute qui n'a pas eu de chance. « Arrêté en octobre 1944, Lacombe Lucien fut fusillé par la Résistance. » Ainsi Malle conclut-il son histoire. Elle ne pouvait finir autrement. Mais les problèmes qu'elle pose restent sans solution.

Jean de Baroncelli : *« Lacombe Lucien, un adolescent dans la Gestapo »*. Le Monde 31-1-1974

Questions :

1. Quelles excuses J. de Baroncelli trouve-t-il pour Lucien ? Qu'est-ce qu'il lui reproche ? Quelles questions se posent encore ?

2. Comment l'auteur interprète-t-il le jugement de Louis Malle sur son personnage principal ?

Jugements et polémique

Jean de Baroncelli dans « Le Monde »

Un récit limpide, un style d'un classicisme rigoureux, une mise en scène discrète et efficace…

Voilà un grand film français. Un film qui ne doit rien à la mode, à l'intellectualisme de telle ou telle coterie. Un film puissant et déchirant, qui plonge ses racines dans un drame que beaucoup

2 **la vanité** l'orgueil *m* (Eitelkeit, Stolz) – 3 **cela admis** wenn dies so ist – 4 **foncièrement** totalement – 9 **une brute** une personne brutale, violente – 23 **limpide** clair – 26 **une coterie** clique – 27 **déchirant** herzzerreißend, aufwühlend

ont vécu et dont les remous n'ont pas fini de nous secouer. Un film d'une maturité intellectuelle et d'une maîtrise technique exemplaires. Un film dont on sort remué, bouleversé, angoissé. Bref un chef-d'œuvre, mot galvaudé, mais pour une fois exact.

Jean de Baroncelli : *« Lacombe Lucien », un adolescent dans la Gestapo.* Le Monde 31-1-1974

Question :
Quels sont, d'après Jean de Baroncelli, les mérites du film ?

Jean-Louis Bory dans « Le Nouvel Observateur »

... Je remercie Louis Malle de ne s'être pas aveuglé par les complaisances cocardières d'un patriotisme à retardement. La faim, la peur, le vertige des fortunes aussi rapides qu'aléatoires, l'incertitude du lendemain politique, la tyrannie, l'omnipotence des militaires (à plus forte raison quand ils sont ennemis), l'effacement de toute justice et de toute sécurité composent un bouillon ignoble. La France y mijotait. Ce n'était pas beau à voir, encore moins à vivre. Il s'y fabriquait plus de pauvres types et de lâches que de héros. « Le Chagrin et la Pitié », « Français si vous saviez » ont déjà eu le mérite de provoquer, sur cette période, de salutaires retours en arrière. Louis Malle, à ces documents, ajoute ce magistral portrait d'un pauvre type.

« Le Chagrin et la Pitié » film tourné par Marcel Ophuls qui met en lumière la collaboration des Français pendant l'occupation allemande.

1 **un remous** Turbulenz, Sturm – 4 **galvaudé** compromis par un mauvais usage (abgegriffen) – 10 **s'aveugler** verblendet sein – 11 **les complaisances cocardières** unkritische Bekundungen vaterländischer Gesinnung – 11 **à retardement** nachträglich, verspätet – 12 **un vertige** Schwindel ; *ici :* Rausch – 12 **aléatoire** zufällig ; *ici :* unsicher – 14 **à plus forte raison** umso eher – 15 **un effacement** une disparition – 16 **un bouillon** Brühe – 16 **ignoble** sale – 16 **mijoter** vor sich hin kochen – 20 **salutaire** heilsam – 21 **magistral** meisterlich

« Français si vous saviez » film français de A. Harris et A. de Sédouy (1972) qui présente un tableau critique de l'histoire française de ce siècle.

Jean-Louis Bory : *Servitudes et Misères d'un salaud.* Le Nouvel Observateur 28-1-1974, p. 57

Question :
En quoi consistent, d'après Jean-Louis Bory, les qualités de Lacombe Lucien ?

« Aspects de la France »

Malgré la beauté formelle de certaines images, le choix judicieux et le jeu précis des acteurs, enfin la minutieuse reconstitution d'une époque ou d'un climat, nous n'arrivons pas à nous passionner pour la désolante aventure de ce valet de ferme naïf et vaniteux... La raison en est que l'auteur réussit ce tour de force de faire de l'invraisemblable avec du vrai. Pourquoi ? Tout simplement parce que le cœur n'y est pas. Ni d'un côté ni de l'autre. Les personnages de Louis Malle sont abstraits, théoriques, désincarnés comme certains enfants dont on devine qu'ils ont été conçus sans amour. Nulle chaleur dans ses films, nulle conviction. Louis Malle s'ennuie quand il tourne.

Cité dans *Faut-il voir Lacombe Lucien ?* Le Monde 14-2-1974

Questions :
1. Quelles qualités l'auteur attribue-t-il à cette œuvre ?
2. Qu'est-ce qu'il dénonce ?
3. D'après vous, cette critique est-elle justifiée ?

9 **Aspects de la France** journal d'extrême droite – 10 **judicieux** intelligent – 11 **la reconstitution** Rekonstruktion, Nachzeichnen – 13 **désolant** triste – 14 **le tour de force** Kunststück, Glanzleistung – 18 **désincarné** *ici :* realitätsfern – 19 **concevoir** empfangen – 20 **une conviction** Überzeugung

Delfeil de Ton dans « Charlie Hebdo »

Ce film est une petite chose assez ignoble qu'il convient de dénoncer… Il n'y a pas une image dans ce film, où les Français ne soient pas montrés sous un jour détestable pendant l'Occupation. C'est ce que Louis Malle appelle démystifier. C'est ce que j'appelle du cinéma d'extrême droite. D'ailleurs, esthétiquement, c'est du cinéma qui date de trente ans. Du cinéma de papa comme seul un réactionnaire peut encore en faire. On appelle ça « classicisme ». En fait ce classicisme, c'est de l'académisme…

Après cinq ans de pompidolisme, on en est là : *Lacombe Lucien* est le premier film qui entreprend de déculpabiliser les fournisseurs en victimes de l'organisation nazie.

Question :
Résumez les points essentiels de cette critique polémique.

Christian Zimmer dans « Les Temps Modernes »

Lacombe Lucien ne nous dit guère autre chose : la scène finale – cette espèce de parenthèse idyllique, paradisiaque, de rémission de l'histoire, d'arrêt utopique du temps, où le jeune collabo et la jeune juive s'aiment librement, selon la nature, et où la dignité de l'aïeule israélite révèle son vrai visage, qui est celui de l'indifférence (seules, les réussites intéressent la vieille femme) – est en somme une image de cette réconciliation prônée par la droite. Réconciliation possible, parce que personne n'est vraiment bon ou vraiment mauvais, que tout a une double face, que l'innocence absolue n'existe pas, pas plus que la culpabilité

2 **ignoble** abscheulich, widerlich – 5 **démystifier** aufklären – 10 **l'académisme** *m ici :* formale Erstarrung – 11 **le pompidolisme** le régime de Georges Pompidou (1911-1974), président de la République de 1969 à 1974 – 12 **déculpabiliser** excuser (von Schuld freisprechen) – 13 **une victime** Opfer – 18 **une rémission** une pause, une accalmie – 21 **l'aïeule** *f* la grand-mère – 22 **la réussite** Patience (-Spiel) – 23 **prôner** préconiser, louer – 25 **avoir une double face** zwei Seiten haben

totale. La scène a un caractère irréaliste qui ne trompe pas : en fait, elle est hors du temps, hors de l'Histoire, Lacombe Lucien est déjà mort (Seul, un carton laconique nous apprendra son exécution, le film ne reprend pas après l'épisode en question, tout se passe comme s'il était déjà terminé avant). Il n'est d'innocents ou de coupables qu'aux yeux de l'Histoire : mais c'est parce qu'elle est aveugle, qu'elle absout ou condamne sans être capable de peser les circonstances, de les faire revivre pour motiver son jugement avec équité. En définitive, c'est elle la seule, la grande coupable : elle lève toutes les ambiguïtés, mais ambiguïté est peut-être tout simplement synonyme de vie.

Les Temps modernes No 336 (1974) pp. 2494-2495

Questions :

1. *Comment Ch. Zimmer interprète-t-il la scène finale de* Lacombe Lucien *?*
2. *D'après l'auteur, quel rôle est attribué à l'Histoire ?*

Louis Malle face aux réactions suscitées par son film

À vrai dire, j'étais content de ce film, et je ne m'attendais pas à la controverse passionnée qu'il a déclenchée en France. Après « Le Chagrin et la Pitié », je pensais que l'abcès était crevé. C'était sous-estimer la charge émotionnelle du sujet, la nervosité compréhensible des Français dès qu'on évoque la Collaboration.

Faire un film sur le fascisme ordinaire, montrer un jeune paysan français qui aurait pu devenir résistant et qui, par accident, entre au service de la Gestapo, c'était certes provocant, mais dans le bon sens. Je souhaitais déclencher une réflexion, jeter un doute, forcer le spectateur à reconsidérer des idées

3 **laconique** bref, concis – 9 **l'équité** *f* la justice – 9 **en définitive** en fin de compte, finalement – 10 **l'ambiguïté** le double sens – 19 **déclencher** auslösen – 20 **le Chagrin et la Pitié** » (1969) film français de Marcel Ophuls qui met en lumière la collaboration des Français pendant l'occupation allemande – 20 **crever l'abcès** *m* Geschwür aufstechen, *ici : fig* : Übel mit der Wurzel beseitigen – 27 **une idée reçue** un préjugé (herkömmliche Vorstellung)

reçues, par exemple qu'un collaborateur soit nécessairement un monstre coupé du corps social.

Dès la première projection privée du film, je compris ce qui m'attendait : un de mes amis, critique d'un magazine, sortait de la salle en déclarant : « Quel est l'intérêt de faire tout un film sur un salaud pareil ? J'aurais souhaité qu'on le fusille à la quatrième bobine ! »

La polémique tenait au sujet, mais aussi à la façon dont je l'avais traité. Fidèle à la démarche de mes documentaires, j'évitais de porter un jugement sur Lucien, je préférais montrer le comportement du personnage avec toutes ses contradictions, et même, d'une certaine manière, tenter de le comprendre. C'était plus intéressant, plus utile que de le jeter sans appel dans les bas fossés de l'Histoire.

Certains, non sans une sérieuse dose de mauvaise foi, y ont vu une justification, voire même une réhabilitation. Le film, dès sa sortie, était l'objet de violentes discussions. Ses adversaires oubliaient, ou feignaient d'oublier, que le fascisme a toujours recruté ses hommes de main dans le « lumpen prolétariat », une loi historique que Marx et Engels ont été les premiers à dégager. On me reprochait aussi d'exposer la torpeur, la passivité des Français sous l'Occupation. Je me suis fait attaquer par un front commun de gaullistes et d'hommes de gauche pour qui la Résistance était toute la nation, et le reste une poignée de tarés. Ils veulent l'Histoire comme elle aurait dû être, et non comme elle a été.

On me disait : « Pourquoi avez-vous montré les collaborateurs, et pas les résistants ? » Que pouvais-je répondre ? J'avais fait un film sur les traîtres, pas sur les héros. Dans le détail, si on regarde bien le film, tout est là, et les différents portraits de gestapistes

7 **une bobine** Filmrolle – 8 **tenir à qc** *ici :* avoir pour cause – 9 **la démarche** la manière d'agir – 9 **le documentaire** Dokumentarfilm – 13 **sans appel** unwiderruflich – 14 **un fossé** Graben – 15 **la mauvaise foi** la malhonnêteté (≠ la sincérité) – 18 **feindre** faire semblant de (vorgeben) – 19 **recruter** engager – 21 **une torpeur** une léthargie – 24 **une poignée** Handvoll – 24 **un taré** korrupter Mensch, schwarzes Schaf – 29 **un traître** celui qui trahit

étaient une représentation authentique des situations politiques, économiques, sociales qui ont suscité la collaboration. L'un d'entre eux était noir, sacrilège ! Bien sûr, nous ne l'avions pas inventé : plusieurs Martiniquais, chômeurs, affamés, s'étaient retrouvés dans la Gestapo. Pourquoi aurais-je censuré une information troublante ?

Cette polémique dans son aspect simpliste, m'irritait. Je me suis retenu de répondre à certains articles franchement malhonnêtes. J'ai eu raison : le film valait mieux que ces coups d'épingles et, dans l'ensemble, il atteignait son but. Beaucoup de spectateurs étaient sensibles à la complexité du thème, à l'ambiguïté des situations, au comportement irrationnel des personnages.

Louis Malle par Louis Malle. Avec le concours de Jacques Mallecot. Paris : Éditions de l'Athanor, 1979, pp. 49-50

Questions :

1. *Expliquez pourquoi Louis Malle s'est trompé sur les réactions vis-à-vis de son film.*
2. *Comment explique-t-il le but de son film et la façon dont il l'a fait ?*
3. *Qu'est-ce que ses adversaires lui ont reproché ?*
4. *Que répond L. Malle à ces critiques ? Qu'est-ce qu'il dit de leurs motifs ?*
5. *Pourquoi L. Malle n'a-t-il pas réagi à toutes ces critiques ?*

3 **un sacrilège** *ici :* un crime (Freveltat) – 4 **affamé** qui a faim – 7 **simpliste** trop simplifié, banal – 9 **un coup d'épingle** Nadelstich

Le film et sa dimension historique

« Lacombe Lucien ou l'ambiguïté » (Jugement d'un critique qui a vécu l'Occupation)

Ceux qui ont vécu cette époque abordent donc le film avec gêne, méfiance et suspicion. Quoi ? Un garçon qui cherche la Résistance et s'embauche dans la police allemande, un agent de la Gestapo qui protège et sauve une juive ? Et puis, à quoi bon remuer tout cela ? Veut-on faire des héros de ces quelques misérables qui s'étaient mis au service de l'occupant pour les besognes les plus basses, qui pillaient, torturaient, tuaient ? Sadiques et voyous, tortionnaires et assassins, va-t-on, dans la rage de tout expliquer, de tout comprendre, les justifier, les glorifier peut-être ?

Une première réaction comme celle-là vient généralement d'hommes et de femmes qui approchent ou vont atteindre la cinquantaine. Et ce sont eux, les aînés, plus que les jeunes, qui pour l'instant vont voir le film et en parlent. Beaucoup s'appliquent à traquer l'erreur, l'invraisemblance, le détail inexact qui leur permettrait de juger, en toute bonne conscience, que tout est faux, truqué, mensonger. Or, il faut le reconnaître, ils ne trouvent guère de reproches à faire à cet égard, à peine deux ou trois remarques : deux cents lettres de dénonciation reçues chaque jour par la Gestapo d'une petite ville, c'est beaucoup ; le ton de certains personnages secondaires, l'instituteur résistant notamment, ne sonne pas toujours juste, et surtout la bêtise du protagoniste, ce Lucien qui a grandi sous l'Occupation et qui pourtant ignore à peu près tout des Allemands, de la Résistance et des juifs, est telle qu'il apparaît parfois comme une sorte de demeuré, de crétin.

4 **aborder qc** s'attaquer à qc – 5 **la suspicion** la méfiance – 6 **s'embaucher** s'engager (eintreten) – 7 **remuer** soulever (aufrühren) – 9 **une besogne** un travail difficile et pénible – 10 **piller** plündern – 10 **un voyou** le mauvais sujet (Ganove) – 11 **un tortionnaire** Folterknecht – 11 **un assassin** celui qui tue volontairement – 17 **s'appliquer à faire qc** s'efforcer de faire qc – 17 **traquer** chasser – 19 **truqué** faussé – 25 **un protagoniste** le héros, le personnage principal – 28 **un demeuré** le crétin, l'idiot *m* (Trottel)

Mais l'essentiel de l'histoire, et en particulier la façon dont son triste héros est conduit de la dénonciation quasi involontaire à la trahison et au crime, puis la relation étrange faite de peur, de chantage et d'attirance qui s'établit entre lui et les réfugiés juifs, n'est pas invraisemblable, hélas ! Et il en va de même pour nombre de personnages et de scènes : la mère qui accepte l'argent volé par son fils à ses victimes, le propriétaire qui met en coupe réglée les juifs qu'il loge, les différents types d'agents de la Gestapo, le fils de famille dévoyé, le policier révoqué, le truand et le sadique... Oui, tout cela a bel et bien existé et nul n'est flatté, excusé, absous, tous sont décrits dans leur effrayante médiocrité ou dans leur horreur.

Seulement voilà : toute cette humanité, précisément, est moche, sale. Aucun ou presque des personnages importants du film n'est vraiment attachant et sans faille. Stupides, lâches ou affreux : guère d'autre choix. Le seul qui garde sa dignité, le père de la jeune juive séduite par le gestapiste, devient fou. Et c'est ici, au fond, que le bât blesse, que l'ambiguïté règne.

Les auteurs de *Lacombe Lucien* n'ont certes pas prétendu peindre la France et les Français sous l'Occupation comme l'avait fait, d'une certaine manière, « le Chagrin et la Pitié ». Ils se sont contentés de situer leur récit dans un milieu bien déterminé, bien cerné, numériquement très réduit. Ils ne peuvent empêcher toutefois, et ils ne l'ignorent pas, que l'image qu'ils donnent non seulement des hommes de la Gestapo mais de tous ceux qui passent sur l'écran compose finalement un tableau sinistre.

4 **le chantage** Erpressung – 4 **un réfugié** Flüchtling – 5 **il en va de même pour** c'est la même chose pour – 8 **mettre en coupe réglée** regelmäßig schröpfen – 9 **dévoyé** auf die schiefe Bahn geraten – 9 **révoqué** licencié – 10 **un truand** Gauner, Ganove – 10 **bel et bien** réellement, véritablement – 11 **absoudre** freisprechen – 14 **moche** *fam* mauvais, sans défaut – 15 **sans faille** irréprochable, sans défaut – 16 **affreux** horrible – 18 **c'est ici que le bât blesse** c'est le point sensible (Packsattel) – 21 **« le Chagrin et la Pitié »** (1969) film français de Marcel Ophuls qui met en lumière la collaboration des Français pendant l'occupation allemande – 23 **cerné** *ici :* limité

La mère du garçon ? Son mari est prisonnier de guerre, donc elle s'est mise en ménage avec un autre. Un paysan a un fils au maquis ? Rien d'étonnant, c'est un feignant. Un médecin semble courageux ? Sa femme fait aussitôt une sotte réflexion qui efface l'émotion. L'instituteur résistant ? Il traite méchamment le cancre de sa classe. Les réfugiés juifs ? L'un est affublé d'un accent qui le ridiculise, l'autre ne parle qu'allemand ou yiddish. La fille ? On est d'abord tenté de croire qu'elle se sacrifie pour sauver son père, mais on voit bientôt qu'elle y prend plaisir. Quant aux autres, ceux qu'on ne voit pas, les habitants de la région, les Français, ils sont représentés par les lettres de dénonciation qui s'entassent sur le bureau des policiers allemands. On parle des maquisards, mais on n'aperçoit que les miliciens. Et ainsi de suite.

Il y a eu, c'est vrai, des dizaines de films sur la Résistance. Très souvent, il s'agissait d'images d'Épinal où les résistants étaient héroïques jusqu'au sacrifice. Et beaux. Et purs. Non, la France des années 1940-1944 n'était pas peuplée uniquement de héros, loin de là. Mais elle n'était pas davantage peuplée que de gestapistes et de dénonciateurs.

Le pendule était allé très loin d'un côté, il revient très loin, trop loin, dans l'autre sens. L'exaltation du patriotisme était mystificatrice. La dérision poussée à ce degré ne l'est pas moins. Il faut se rendre à l'évidence : cette fois, de Gaulle est bien mort.

Pierre Viansson-Ponté : *« Lacombe Lucien » ou l'ambiguïté.* Le monde, 17/18-2-1974

Questions :

1. *Comment beaucoup de spectateurs qui ont vécu l'Occupation ont-ils réagi à ce film ?*
2. *Quelles invraisemblances et quelles vérités historiques Viansson-Ponté trouve-t-il dans* Lacombe Lucien *?*

2 **se mettre en ménage avec qn** vivre avec qn – 4 **sot** bête – 5 **un cancre** écolier paresseux et nul – 6 **affublé de** ausgestattet, versehen mit – 15 **une image d'Épinal** image populaire, fabriquée à Epinal *ici :* image naïve qui ne montre que le bon côté des choses

3. Quelle critique fondamentale adresse-t-il à Louis Malle ?

4. Comment l'auteur situe-t-il Lacombe Lucien *parmi les films sur l'époque de l'Occupation ?*

Michel Foucault situe le film dans son contexte historique

Michel Foucault (1926-1984, philosophe célèbre) s'explique sur la mode « rétro », et la prédilection de nombreux écrivains et de cinéastes (dont L. Malle avec Lacombe Lucien*) pour le passé pénible des « années noires » de 1940-1944 et plus particulièrement pour le phénomène de la Collaboration.*

Je crois que cela vient du fait que l'histoire de la guerre et de ce qui s'est passé autour de la guerre n'a jamais été inscrit vraiment ailleurs que dans des histoires tout à fait officielles. Ces histoires officielles étaient essentiellement centrées autour du gaullisme qui, d'une part, était la seule manière d'écrire cette histoire-là dans les termes d'un nationalisme honorable, et, d'autre part, était la seule manière de faire intervenir comme personnage de l'histoire le Grand Homme, l'homme de droite, l'homme des vieux nationalismes du XIXe siècle.

Il faut lier cela au fait que la fin du gaullisme signifie le point final mis à cette justification de la droite par ce personnage et cet épisode. La vieille droite pétainiste, la vieille droite collaboratrice, maurrassienne et réactionnaire qui se camouflait comme elle le pouvait derrière de Gaulle, considère que maintenant elle a le droit de réécrire elle-même sa propre histoire. Cette vieille droite qui, depuis Tardieu, avait été disqualifiée historiquement et politiquement, revient maintenant sur le devant de la scène. Elle a soutenu explicitement Giscard. Elle n'a

21 **pétainiste** adjectif de (Philippe) Pétain (1856-1951), vainqueur de Verdun en 1916 et chef du gouvernement de Vichy pendant l'occupation allemande – 22 **maurrassien** adjectif de (Charles) Maurras (1868-1952), écrivain et homme politique, représentant de l'Action française (mouvement de droite), monarchiste, nationaliste et adhérent du régime de Vichy – 22 **se camoufler** se cacher – 25 **(André) Tardieu** (1876-1945) homme politique français, président du Conseil (1929-30 ; 1932)

plus besoin de porter de masque, et par conséquent, elle peut écrire sa propre histoire.

Cahiers du Cinéma, No 251/252 (1974)

Question :
Comment Michel Foucault explique-t-il le désir de quelques-uns de réécrire l'Histoire de l'Occupation ? Relevez les raisons historiques et les buts idéologiques.

Le pays à la fin de l'Occupation

[…] On mangeait mal, surtout dans les villes et dans les régions d'agriculture spécialisée, mieux dans les campagnes à polyculture et dans certaines régions reculées et rustiques. Dans certains milieux on en était parvenu au niveau de carences alimentaires réelles et dommageables. Bien entendu un grand nombre de denrées étaient officiellement rationnées, ce qui « compliquait la vie » des simples gens et à plus forte raison celle des clandestins ou des maquisards, qu'il fallait munir non seulement de faux papiers d'identité, mais encore de « faux tickets » ou de vrais tickets volés à cette fin dans des mairies. Bien entendu encore il y avait un commerce illicite libre, dit « marché noir », qui permettait à ceux qui avaient les moyens de payer très cher, de ne manquer de rien. Il était très développé, très détesté, et très utilisé. On peut même dire à la limite qu'il y avait deux clandestinités qui se côtoyaient, celle de la lutte politique et celle du trafic.

Il y eut d'ailleurs, à côté des trafiquants purs et simples, des gens du marché noir qui avaient d'utiles complicités dans les milieux allemands ou policiers, d'autres qui rendirent des

10 **la polyculture** culture de différents produits agricoles – 11 **reculé** écarté, isolé – 11 **rustique** de la campagne – 12 **une carence alimentaire** Mangelernährung – 13 **dommageable** nuisible (→ le dommage) – 14 **une denrée** un aliment, les vivres – 15 **à plus forte raison** um so mehr – 15 **un clandestin** Mensch, der im Untergrund lebt – 16 **un maquisard** Widerstandskämpfer – 19 **illicite** interdit, illégal – 23 **se côtoyer** aller côte à côte (→ le côté) – 24 **le trafic** le commerce illégal

services à la Résistance. De là des doubles jeux, des personnages troubles, et le germe de bien des « affaires » à venir. Bref la pénurie matérielle s'aggravait d'une démoralisation diffuse.

Puis il y avait la guerre aérienne. Depuis qu'ils avaient repris l'avantage en ce domaine, Anglais et Américains bombardaient de plus en plus souvent les objectifs industriels ou militaires allemands en France, et naturellement il arrivait que les populations voisines fussent aussi touchées. Au printemps de 1944 on peut dire que le danger militaire planait à nouveau au-dessus des grandes villes. Sans compter que, dans la mesure où ces attaques atteignaient leur but, coupant des ponts, brûlant des gares, des usines, des centrales électriques elles aggravaient encore les problèmes de la vie quotidienne des Français et pas seulement des occupants.

Enfin la crainte et la répression s'étendaient en France. Dès l'origine elles avaient frappé comme nous l'avons dit certains militants politiques, ainsi que (ceux-ci par familles entières) les Français de confession ou d'origine israélites ; puis, de plus en plus, les résistants, qui s'étaient désignés au coup par leur engagement volontaire dans la lutte. Mais, pendant au moins deux ans, le « Français moyen », ni juif ni résistant ni suspect politique, pouvait se sentir tranquille et ne souffrir que moralement et par solidarité s'il en avait le cœur. Or, vers 1943 et à plus forte raison 1944, cela change. L'existence de maquis, l'audace des coups de main des résistants, le nombre accru de personnes qui pouvaient se trouver dans le cas de les aider occasionnellement, fit que l'on arriva à l'ère des représailles collectives, des rafles sommaires, bref d'une « justice » répressive de plus en plus large et approximative. Le temps de l'insécurité générale.

2 **trouble** undurchsichtig – 2 **le germe** la cause, l'origine *f* – 2 **une pénurie** un manque de ce qui est nécessaire – 3 **la démoralisation** la perte du sens moral – 9 **planer** schweben – 17 **un militant** Kämpfer – 19 **se désigner au coup** *ici :* sich zum Angriffspunkt machen – 24 **le maquis** *ici :* lieu ou se cachaient les résistants pendant l'occupation allemande – 25 **le coup de main** Stoßtruppunternehmen, überfallartiger Angriff – 27 **une rafle** Razzia – 28 **large** großzügig – 29 **approximatif** annähernd *ici :* schlampig arbeitend

C'est ainsi qu'il faut se représenter l'été 1944 qui s'annonce. Une population entre la lassitude et l'exaspération, la disponibilité fréquente des chômages forcés, l'insécurité générale, jusqu'à la chaleur de l'air qu'il faut évoquer, et l'énervement des corps mal nourris. [...]

M. Aguhlon, A. Nouschi, R. Schor : *La France de 1940 à nos jours*, p. 19-20,

Questions :

1. *Comment l'auteur décrit-il la situation politique et économique de la France à la fin de l'Occupation ?*
2. *Dans quel état psychologique et moral se trouvait la population ?*

La République du silence

Jamais nous n'avons été plus libres que sous l'occupation allemande. Nous avions perdu tous nos droits et d'abord celui de parler ; on nous insultait en face chaque jour et il fallait nous taire ; on nous déportait en masse, comme travailleurs, comme juifs, comme prisonniers politiques, partout sur les murs, dans les journaux, sur l'écran, nous retrouvions cet immonde et fade visage que nos oppresseurs voulaient nous donner de nous-mêmes : à cause de tout cela nous étions libres. Puisque le venin nazi se glissait jusque dans notre pensée, chaque pensée juste était une conquête ; puisqu'une police toute puissante cherchait à nous contraindre au silence, chaque parole devenait précieuse comme une déclaration de principe ; puisque nous étions traqués, chacun de nos gestes avait le poids d'un engagement. Les circonstances souvent atroces de notre combat nous

2 **l'exaspération** *f* la colère – 2 **la disponibilité** *ici :* Muße – 16 **une face** un visage – 19 **immonde** dégoûtant, sale – 20 **un oppresseur** Unterdrücker – 21 **un venin** un poison (Gift) – 22 **se glisser** *ici :* pénétrer – 23 **une conquête** Errungenschaft – 24 **contraindre à qc** forcer à qc – 26 **traquer** poursuivre – 27 **atroce** horrible, terrible

mettaient enfin à même de vivre, sans fard et sans voile, cette situation déchirée, insoutenable qu'on appelle la condition humaine. L'exil, la captivité, la mort surtout que l'on masque habilement dans les époques heureuses, nous en faisions les objets perpétuels de nos soucis, nous apprenions que ce ne sont pas des accidents évitables, ni même des menaces constantes mais extérieures : il fallait y voir notre lot, notre destin, la source profonde de notre réalité d'homme ; à chaque seconde nous vivions dans sa plénitude le sens de cette petite phrase banale : « Tous les hommes sont mortels. » Et le choix que chacun faisait de lui-même était authentique puisqu'il se faisait en présence de la mort, puisqu'il aurait toujours pu s'exprimer sous la forme « Plutôt la mort que… ». Et je ne parle pas ici de cette élite que furent les vrais Résistants, mais de tous les Français qui, à toute heure du jour et de la nuit, pendant quatre ans, ont dit non. La cruauté même de l'ennemi nous poussait jusqu'aux extrémités de notre condition en nous contraignant à nous poser ces questions qu'on élude dans la paix : tous ceux d'entre nous – et quel Français ne fut une fois ou l'autre dans ce cas ? – qui connaissaient quelques détails intéressant la Résistance se demandaient avec angoisse : « Si on me torture, tiendrai-je le coup ? » Ainsi la question même de la liberté était posée et nous étions au bord de la connaissance la plus profonde que l'homme peut avoir de lui-même. Car le secret d'un homme, ce n'est pas son complexe d'*Œdipe* ou d'infériorité, c'est la limite même de sa liberté, c'est son pouvoir de résistance aux supplices et à la mort.

J.-P. Sartre : *Situations III.* , p. 11-13

1 **mettre à même de faire qc** rendre capable de faire qc – 1 **sans fard** unverblümt – 1 **sans voile** unverhüllt – 2 **déchiré** zerrissen – 2 **insoutenable** insupportable, intolérable – 2 **la condition humaine** l'existence *f* humaine – 3 **la captivité** l'emprisonnement – 5 **perpétuel** permanent – 7 **le lot** le sort (Los) – 7 **le destin** Schicksal – 9 **la plénitude** la richesse – 16 **la cruauté** Grausamkeit – 18 **éluder** éviter – 21 **tenir le coup** résister – 25 **le complexe d'Œdipe** d'après Freud, attirance d'une fille à l'égard de son père ou d'un garçon à l'égard de sa mère – 26 **un supplice** une torture

Questions :

1. *Quelle était, d'après Sartre, la situation des Francais pendant l'Occupation ?*
2. *Qu'est-ce que Sartre entend par « liberté » dans cette situation ?*

Annexe

La France à l'heure allemande – petite chronologie de l'Occupation et de la Libération.

1940

10 mai	Début de l'offensive allemande à l'ouest. Invasion de la Belgique et des Pays-Bas.
14 juin	L'armée allemande pénètre dans Paris. Le maréchal Pétain forme un nouveau gouvernement.
18 juin	Le général de Gaulle, en exil à Londres, lance, sur la Radio de Londres (BBC), son célèbre appel aux Français de résister à l'envahisseur. Cet appel est considéré comme le début de la Résistance. Création des Forces Françaises Libres (FFL).
25 juin	L'Armistice entre en vigueur. La France est divisée en plusieurs zones (voir la carte p. 159). La zone occupée du nord est séparée de la zone libre par une ligne de démarcation. L'Armistice prévoit une armée de l'armistice de 100 000 soldats français pour le maintien de l'ordre dans la zone libre.
29 juin	Le nouveau gouvernement Pétain s'installe à Vichy.
3 octobre	Le gouvernement de Vichy instaure le « statut des juifs ».
24 octobre	Rencontre historique entre Hitler et Pétain à Montoire, où Pétain s'engage à collaborer avec les Allemands.

1941

	Fondation de groupements et de journaux clandestins de la Résistance (« Le Combat », « Le Franc-Tireur »).
14 mai	Arrestation à Paris de juifs étrangers.
12 décembre	Arrestation à Paris de 750 personnalités juives de nationalité française.

1942

29 mai	Une loi oblige les juifs à porter l'étoile jaune en zone occupée.
16 juin	Début de la « Relève » (transfert de travailleurs français en Allemagne).
16-17 juillet	Rafle du Vél' d'hiv' (vélodrome d'hiver) : 13 000 juifs sont arrêtés, transportés dans des camps (Drancy) pour être déportés dans des camps d'extermination.
8 novembre	Une flotte anglo-américaine aborde les côtes d'Afrique du Nord.
11 novembre	La Wehrmacht occupe la zone libre.

1943

30 janvier	Création de la Milice sous la direction de J. Darnard. Elle collabore avec les troupes allemandes pour lutter contre la Résistance.
février	Création du Service du Travail Obligatoire (S.T.O.) par le gouvernement de Vichy, après l'échec de la « Relève » de 1942. Environ 270 000 Français sont obligés de travailler en Allemagne.

27 mai	Plusieurs mouvements de résistance fondent un Conseil National de la Résistance (CNR) pour mieux organiser leur combat commun.
30 mai	De Gaulle arrive à Alger.
8 juin	Mort probable de Jean Moulin, chef de la Résistance en France.
sept.-oct.	Libération de la Corse. De Gaulle à Ajaccio (8 octobre).
29 décembre	Naissance des Forces Françaises de l'Intérieur (FFI) qui regroupent les mouvements de résistance les plus divers.

1944

6 janvier	Philippe Henriot est nommé secrétaire d'État à l'information et à la Propagande. Il attaquera violemment, dans ses éditoriaux à la radio, les Alliés et la Résistance.
avril-mai	Bombardements massifs des Alliés sur les agglomérations françaises (environ 60 000 morts).
6 juin	Débarquement des Alliés en Normandie. De Gaulle appelle les Français à se mobiliser.
8 juin	Mobilisation de la Milice, réaction aux activités accrues de la Résistance.
9 juin	Exécution de 99 otages à Tulle par les Allemands, après l'occupation de la ville par les FFI.

10 juin	Massacre d'Oradour-sur-Glane (près de Limoges). La division « Das Reich », sans avoir été attaquée par la Résistance, massacre la population entière (environ 640 habitants) de ce village. Les habitants sont fusillés ou brûlés vifs, le village est saccagé.
14 juin	De Gaulle débarque en Normandie.
15 août	Débarquement franco-américain sur les côtes de Provence.
24 août	Libération de Paris par la division Leclerc.
fin août	De Gaulle s'installe à Paris et devient chef du gouvernement.

1945

8 mai	Capitulation du Reich.

Bibliographie

I Text

Louis Malle/Patrick Modiano : *Lacombe Lucien.* Gallimard, 1974

II Gesamtdarstellungen zu Louis Malle

Louis Malle par Louis Malle. Avec le concours de Jacques Mallecot. Éditions de l'Athanor, 1979

Henri Chapier : *Louis Malle.* Éditions Seghers, 1964

Peter W. Jansen u. a.: *Louis Malle.* Reihe Film 34. Hanser 1985

III Zeitschriftenartikel und Filmrezensionen zu Lacombe Lucien

Jean de Baroncelli : *Lacombe Lucien, un adolescent dans la Gestapo.* Le Monde 31-1-1974

Pascal Bonitzer : *Histoire de sparadrap (Lacombe Lucien).* Cahiers du Cinéma No 250, mai 1974

Jean-Louis Bory : *Servitudes et misères d'un salaud.* Le Nouvel Observateur No 481, 28-1/3-2-1974

Pascal Bonitzer/Serge Toubiana : *Entretien avec Michel Foucault.* Cahiers du Cinéma No 251/252, juille/août 1974

Michel Delain : *Louis Malle : dernier zigzag.* L'Express No 1175, 14-1/20-1-1974

M.E. : *Faut-il voir Lacombe Lucien ?* (Revue de presse). Le Monde 14-2-1974

Gilles Jacob : *Lacombe Lucien.* L'Express No 1177, 28-1/3-2-1974

Gilles Jacob : *Entretien avec Louis Malle (à propos de Lacombe Lucien).* Positif No 157, mars 1974

Richard Marienstras : *Des intrus dans le Lot.* Le Nouvel Observateur No 485, 25-2/3-3-1974

Jean-Jacques Olivier : *L'engagement de Louis Malle.* Propos recueillis par Jean-Jacques Olivier. Le Figaro 26-1-1974

Mona Ozouf : *Sans chagrin et sans pitié.* Le Nouvel Observateur No 489, 25-3/31-3-1974
Michel Sineux : *Le hasard, le chagrin, la nécessité, la pitié* (sur Lacombe Lucien). Positif No 157, mars 1974
D.S. : *Lacombe Lucien. La saison cinématographique,* éditée par « Revue du Cinéma », Images et Son, 1974
Pierre Viansson-Ponté : *Lacombe Lucien, ou l'ambiguïté.* Le Monde 17/18-2-1974
Christian Zimmer : *La paille dans le discours de l'ordre.* Les Temps Modernes No 336, juillet 1974
Eine ausführliche Bibliographie mit deutschen Filmrezensionen zu *Lacombe Lucien* findet sich bei
Peter W. Jansen u. a.: *Louis Malle.* Reihe Film 34. Hanser 1985 S. 168

Liste des abréviations

≠	antonyme de
→	mot de la même famille
etw	etwas
f	féminin
fam	familier
fpl	féminin pluriel
jdm	jemandem
jdn	jemanden
m	masculin
mpl	masculin pluriel
pop	populaire
qc	quelque chose
qn	quelqu'un

La France sous l'Occupation

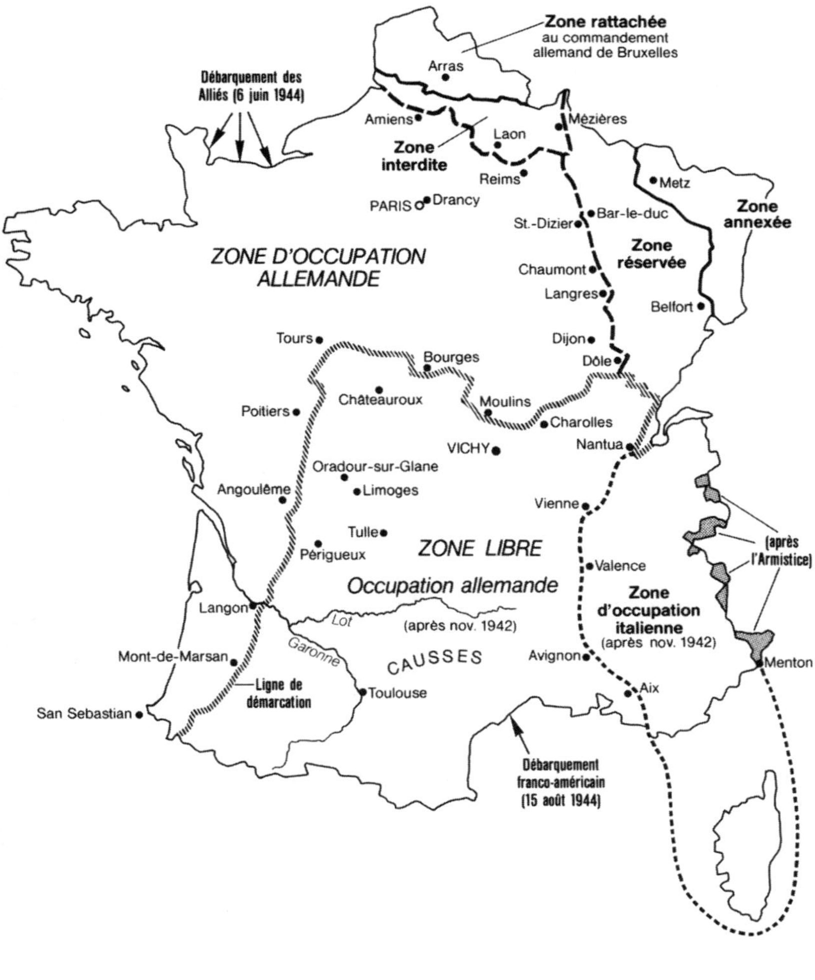